新装

琉球の玩具とむかし遊び

沖縄伝統文化を継承する人びと

西浦宏己【著】

【監修】関　久子

新泉社

はじめに

豊かな自然に囲まれた琉球列島の子どもたちは、遠いむかしから、草木や貝殻などのごく身近にある自然物を利用して、さまざまな遊び道具を作り出し、透明な光のなかでころげまわって遊んだことでしょう。

また、琉球王府のあった首里の城下町の子どもたちは、年に一度の玩具市で買ってもらった派手やかなおもちゃを手にして、自分たちの空想の世界にひたって遊んだに違いありません。

琉球の玩具や遊具どれひとつとってみても、亜熱帯の風土のなかで育まれたおおらかさと奔放さ、素朴さとしたたかさが同居していて、一種独特の風格をもっています。それに、子どもたちの息災と健やかな成長への願いを玩具に託す親の深い愛情がひしひしと伝わってきます。

それは、島々をとりまく自然の神々に時として裏切られ、生と死が隣り合わせの過酷な試練を強いられてきた人びとの暮らしとは決して無関係ではありません。

○

わたしが、日ごろ敬愛する関久子さんを通して琉球玩具類のコレクションの存在を知って、もう七年がたちます。そのコレクションは、神戸で小児科医をされていた関さんの亡夫の尾崎清次氏が、幼児の保健と玩具の関係の研究資料として、一九三〇年（昭和五）前後に沖縄県内で収集されたものでした。

わたしは、それらの玩具とむき合っているうちに、自分のなかで失いかけていた子ども心が呼び覚まされ、玩具の一つ一つが語りかけるものがしだいに理解できるようになりました。また、現代の子どもたちの遊びに欠けているものが何かということもはっきりと見えてきました。

不幸にも、沖縄の優れた伝統文化財の多くが沖縄戦の戦禍によって焼失し、古い玩具類も、いま、地元の沖縄ではほとんど目にすることができません。そんな状況のなかで、琉球王朝時代の習俗と精神世界、また、子どもたちの日常生活の片鱗を垣間見ることができる尾崎コレクションは貴重な存在といえます。

本書は、その歴史の証言者としても価値のある琉球玩具類を中心に構成し、現在、沖縄の伝統文化の衰退を憂い、その復元と伝承に真摯に取り組んでいる人たちの熱い想いをも合わせて収録しました。

このささやかな書が、「琉球の心」を伝える小さなかけ橋となれば幸いです。

西浦宏己

琉球の玩具とむかし遊び／目次

〈注〉
・玩具写真のネーム中の＊印は、尾崎コレクションであることを示します。
・また、Hは高さ、Wは幅、Lは長さをミリメートルで示しています。

装幀　勝木雄二

I

琉球玩具への想い——尾崎コレクションのこと

守禮之邦

〈対談〉関久子・西浦宏己

――今日は関さんに尾崎コレクションのこととか、沖縄への想いをお聞きしたいと思っています。まず、関さんが尾崎（清次）さんといっしょに琉球玩具を収集して歩いて、それを木版画にする作業をはじめられたのは、一九二五年（大正一四）ごろと聞きましたが……。

関　いえ、わたしはその時、沖縄には行かしません。いつも留守番で……。日本のおもちゃはわたしもたくさん集めましたけれど。

――おもちゃを集めるきっかけは何だったんですか。

関　そもそもは神棚に供えてあったおもちゃを、あんなん珍しいわね、と言ったんがはじまりでね。それに尾崎が小児科の医者やったから、医者の立場から、なんで子どものおもちゃと神が結びつくのか、子どもの発育との関係はどうなのか、文化史的な風俗とか習慣とか、医学と結びつくところがあるもんね。

わたしは子どもとの関係を歴史から掘りおこしてゆくのもおもしろいやないのと、尾崎にアドバイスしたことがあった。集めたおもちゃを尾崎が絵に描いて、それを版画にする時に、刷り師を住み込ませて刷ったんやけど、わたしはずっとその人にご飯を食べさせて、きちっと面倒をみましたよ、いろいろとやりくりしてね。

——尾崎さんはその後かなりのめり込んでゆかれたようですね。

関　尾崎はもともと絵描きになるつもりだったんですけど、親に反対されて医者になったんです。玩具を集めはじめたころはまだ勤務医師やったからね。サラリーもろうてきて、その内のなんぼかしか、わたしは預からないんだもん。そんなん、おかまいなしやからね（笑）。

日本のものにはじまって、琉球、朝鮮、おしまいには中国まで行きましたけど、これはもう手にあまるという感じだったようでね。広く

関　久子（せき　ひさこ）さん　本名・尾崎　邦。1901年生まれ。歌人、平和運動家。1925～40年ごろまで、亡夫尾崎清次氏の玩具研究のパートナーとして、日本・朝鮮・琉球の玩具の収集と版画集の出版を助ける。著書に『艸炎』『裸木』（歌集）『身近な薬草12カ月』などがある。

って奥が深くって……。

——尾崎さんは小児科医の立場から玩具の収集をされたんですね。けれど、子どもの玩具は普通、遊びとか、飾っておくものと考えがちでしょう？

関　いや、そうやない。むかしのおもちゃで、ただ遊びだけというのは少ないいんですよ。神にかかわる伝統的なものは、たいてい子どもの幸福願いや厄払いや無病息災なんかの願い事のためのもんやねん。信仰と結びついたもんやね。

——いまでも神社や寺で売ってるのがそうなんですね。干支《えと》にちなんだもんなんかも……。

関　そうです。それを買って自分の子どもにやったり、人に贈って喜んでもらって、子どもの幸福や健康を願うんやね。神社も商売になるから、そりゃ、数が多くてね。

それと、マリを蹴ったりコマをまわしたり、子どもが純粋に遊んで楽しむ玩具と分類する作業なんかもしましたよ。

——どっちにしても子どもの幸せにつながるわけですね。

関　子どもが楽しめて、それでじょうぶに育つのがほんとうの玩具やと思うね。

――それじゃ、集める時はとくに魔除けとか成長願いとかの縁起に関係あるものを集められたんですね。

関　そうです。わざわざ足を運んで、その土地でしか手に入らないものを集めたんです。そやから数は知れてるといえば知れてるけどね。琉球の玩具も、そこへ行かないとないもんねェ。個人で作っているところも教えてもらったりしてね。

――ユッカヌヒー（四日の日＝旧暦五月四日）の玩具市なんかでも？

関　そこにちょうど行き合わせた時にはね。それでも何でもかでも集めるんではなくて、やっぱり系統立てて集めてましたから。それでも張子のもんが圧倒的に多かったですよ。

――いま、沖縄で琉球玩具が残っているのは、県立博物館に少し残っている程度で、古いおもちゃは先の沖縄戦の時にほとんど焼けてしまったようですね。関西では京都文化博物館に、郷土文化研究家の胐《みかずき》健之助さんが集められたものが少し保管されてますけど、これなんかも傷みがひどくて……。とくに張子のものは表面がはがれたり変色したりで、おそらく内地に残っているものがほかにあったとしても、やっぱり傷みがきついと思いますよ。

関　古いもんをちゃんと保管することもたいへんなことなんやね。そやからいまは、ちょっと汚れたり傷んだりしたら何でもすぐに捨ててしまうんやね。そりゃ、あんた、捨てる方が楽やもん（笑）。

――そうですね。ただ集めるだけじゃなくて、集めたものをしっかり管理する能力や技術も必要なんですね。尾崎コレクションのなかでも、張子はやっぱり傷みが進行しているようですね。そんなこともあっていまのうちに記録しておかないとというのがあったんですが、一通り見せてもらって、これはもう遠大な仕事だったと思いますし、コレクションそのものが沖縄の生活史としても価値の高いものと思いますよ。

○

――いま沖縄で、むかしの琉球玩具をコツコツと復元している人が何人かいます。沖縄の伝統文化をもう一度見直してゆこうとか、子ども

馬乗り人形(チンチンウマグヮー)

張子/H:500 W:350(＊沖縄文庫)

花笠をかぶった宮中の人が赤馬にまたがり、競馬の式典に向かう姿で、台車の裏に張られた針金の弦が、台車を引くと「チンチン」と鳴り、馬の首が揺れる仕掛けになっています。

爬竜船(ハーリー)と櫂(イエーク)　木製／H:240 W:520(沖縄県立博物館)

旧暦五月四日、那覇港内で盛大に催された爬竜船競漕。その三隻の船(那覇は青、泊は黒、久米は黄色に色分けされました)の中の泊の船を模したもので、彩色は派手で強い色が使われています。

男女踊り人形 張子／H:195 W:315 車なし（＊日本玩具博物館）

鬼の面(ハチブラー) 張子／H:230 W:200(＊日本玩具博物館)

ハチブラーは、鬼、天狗、猿、犬など種類も多い。なかでも鬼の面は、文字通り鬼気迫る表情のものやユーモラスなものがあります。魔除け、厄除けのために、子どもに買い与えました。

あやつり人形 ソテツの実・竹／L:190（＊日本玩具博物館）

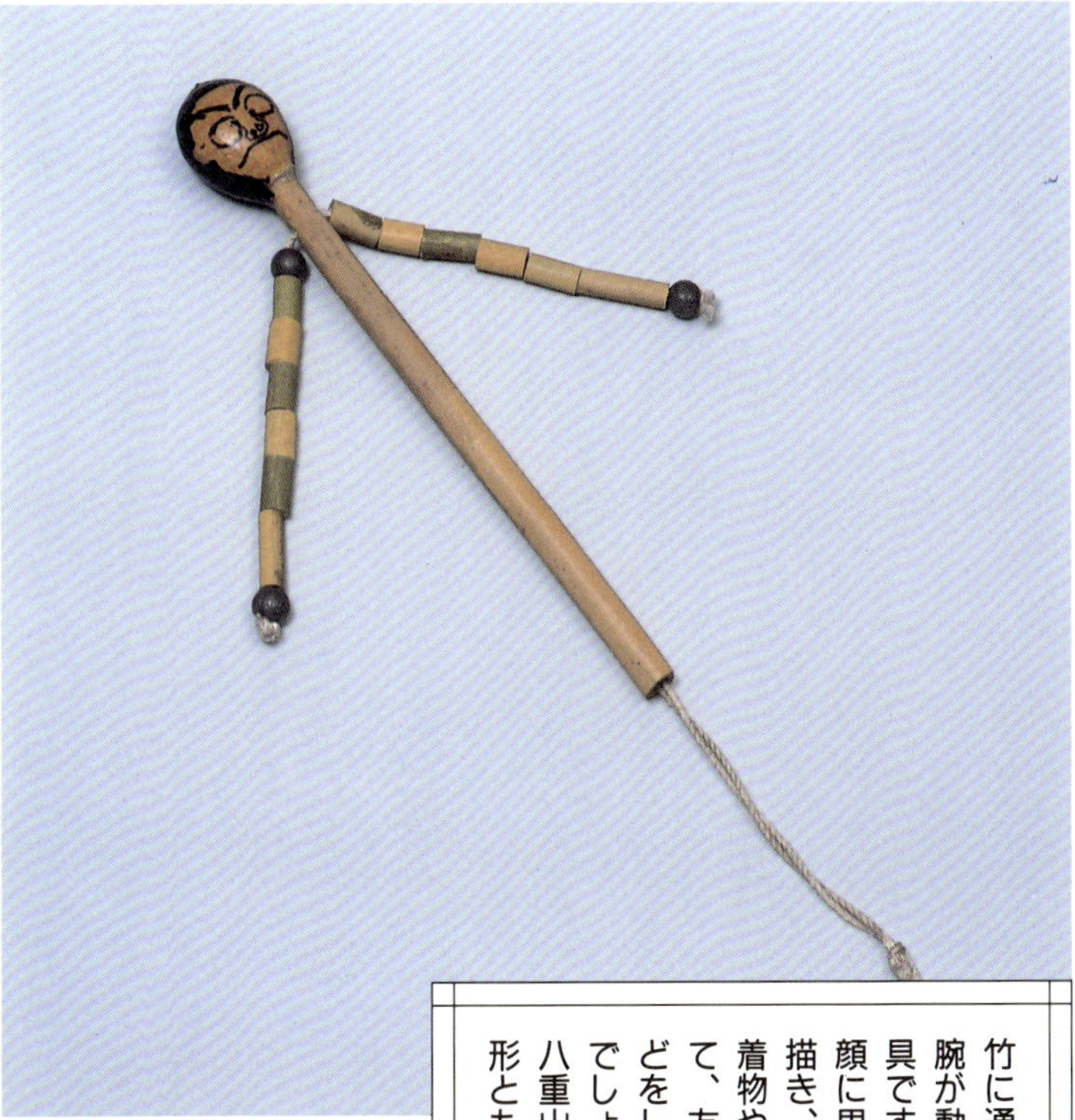

竹に通した糸を引くと腕が動く、女の子の遊具です。ソテツの実の顔に思い思いの目鼻を描き、端切れで作った着物や洋服を着せ替えて、友だちと人形劇などをして楽しんだことでしょう。八重山ではカラクリ人形ともいわれます。

獅子舞　張子／H:350　W:425（＊沖縄文庫）

チンチンウマグヮーと同じく、台車を引くと台車の裏の仕掛けでシシメーサー（獅子使い）の体が回り、獅子の口が上下に開いて、共に舞うように見えます。（本来は獅子使いの頭にハチマキ風の被り物がつき、ひもの先にマリがついています）

猿 張子／H:160　W:65（＊日本玩具博物館）

猿が桃を抱えた姿。猿を題材にした玩具は日本本土や中国、朝鮮にも数多く、紫と紅という彩色はいかにも南国的です。

風弾（フータン）

木と紙／H:570　W:550（沖縄県立博物館）

中国から伝わった変わり凧で、主凧の揚げ糸にそって吹き上げられたフータンが、主凧の糸目糸の結び目につきあたると、仕掛けがはずれ羽根がとじ、また手元に戻ってきます。その様子はあたかも飯を運ぶ様子に見えることから、中国では別名「飯運び」とも呼ばれました。

の素朴な心をとりもどそう、人間の精神世界の成長と深いつながりのある玩具の本来の意味を考えてゆこうということだと思います。

いま、子どものおもちゃというとテレビゲームとか怪獣とかロボットとか、たいていテレビに関係のあるおもちゃで、子どもの視聴覚だけに訴えるものが多くて、手でじかにさわったり、ころがしたり、引っ張ったりするようなのが少ないですね。このままだと子どもに本来備わっている素朴な感覚や触覚がどんどん退化してゆきますよ。まして、厄除けとか息災なんかとはまったく無関係のおもちゃです。いや、むしろ逆にテレビゲームをやり過ぎてかえって健康を害するというケースも出てきていますね。

関　発育の大切な時期に、それではなんにもならんわね。そんなおもちゃを作ったり与えたりする大人の責任は重いわね。みんなが商売商売で、子ども心なんか考えてへんねんわ。それでもわが子にはじょうぶに育って欲しいという気持ちはむかしもいまも変わらんはずやと思うけどな。

――いまのように医学も薬も発達してくると、よほどのことがないかぎり疫病にかかったり、少々のケガで死につながることがなくなりましたから、おもちゃを与える方も、子どもの厄除けや健康を意識しないでしょうし、ただ子どもが喜んでくれたらというところがありますからね。子どもの方も友だちが持ってるからとか、テレビコマーシャルでみたからとかいうのがあって。おもちゃと信仰は、もういまの時代では結びつかなくなっているといえませんか。

関　いや、明日何が起こるかわからん時代やからこそ、そういう気持ちは大切にせなあかんねん。大人が子どもたちの将来を考えないで誰が考えますか。自分たちのことだけやったら、未来も何もあったもんやないわ。

――確かにそうですね。ただ、復元される玩具にしても祭り事にしても、大人たちのノスタルジーの面だけでどうにか支えられ、命が長らえている部分が一方にあるように思います。伝統文化の継承にしても、伝統行事の再現にしても、観光や商業ベースに乗せられたもんが多いですもんね。そのために元あった形まで変えられてしまったり、また、そうしないと生き残れないという悲しい面もあって。

わたしは「温故知新」という言葉が好きでしてね。古いものを温めながら新しい知識を得る、新しいものを創造するということなんでしょうか。いや、もうこのこと自体が古いのかも知れませんね。

関　いえ、そういうことが大切なことですがな。古いもんを守らんで何で新しいもんを守れますか。わたしが尾崎から引き継いだ琉球玩具を、後になって金城馨さんとこの沖縄文庫（Ⅳ章参照）に寄附したのも、それがあるからやねん。

わたしの民族運動の一環として早くから沖縄の古い文化をきっちりと保存せなあかんという気持ちがあってね。戦争が進められて、そのなかで沖縄だけが徹底的にやり込められて、みんななくなってしもうて、わずかに残った価値のあるものをしっかり守らなきゃ、守らなんだら滅んでしまう。放っといたら滅ぼされる。沖縄の文化がなくなるということは、民族そのものが滅びるということや。そんなことから、いま手元にある玩具だけでもちゃんとまとめて沖縄に置いとくもの、保管すべきものと思って沖縄にあげたわけなんですよ。

○

――関さんはこれまでいろんな運動にかかわってこられましたね。そのなかでも中心になっているのはやっぱり反戦平和活動だと思いますが、関さんの考え方の核になっているのは一貫して人の命の問題ですね。文化の命ともいえると思いますが。

玩具にしても、子どもの命の問題につながっています。関さんの最近の活動のなかでは、沖縄の米軍基地とか石垣島の空港建設の問題とか、沖縄問題の占める比重がかなり大きいんですが、その基になるのは、琉球玩具へのかかわりからはじまったということなんですか。

関　そうやね。わたしはとくに美術的なもんに惹かれたということもなかったけど、何か、やっぱり一つの民族の習慣や風俗に悲しみというのか、怒りというのか、守りきれないという気持ちが重なってくるから、とくに沖縄問題が強く響いてたんだと思うわね。

――ということは、つまり琉球国が沖縄県となった時点から、ヤマトが琉球の伝統文化を崩しにかかったということですか。

関　そういうことやと思うね。沖縄は、琉球↓日本↓アメリカ↓日本という大きな政略移動のなかでほんろうされてきたというのか、そういうのがわたしらの目にもはっきりとした形でわかってくると、やっぱり怒りが込み上げてきて、それで〝やったろう〟という気になってきますねん（笑）。

それでも、そんなら、わたしなんかいまの状態で何ができるかというと何もでけへん。そんなんで毎日苦しんでるんや。あんた、もう九〇を過ぎると、命はあっても、わたし自身で自分の身体的な状況というのがちゃんとわかりますやん。それを元気やとか、年は関係ないと人はいうけれど、そんなん、あんた、慰めごとに過ぎんからね。なんとも毎日が歯がゆいことですわ……。

そやから、あんた、どこに何があるか、しっかり覚えておいてね。戦災をかろうじて免れたおもちゃなんやから。肝心の沖縄には、もうほとんど残ってないんやし……。

関久子さんには、日本全国に仲間とファンが大勢います。いや、外国にも友だちがいっぱいいます。早くから女性の経済的、精神的自立を実践してこられた上に、その小柄な体にたぎる情熱と筋金入りの反骨精神、それに包容力の大きさには誰もが魅せられ引き込まれてしまうのです。(西浦)

II

琉球玩具とむかし遊び〈解説〉

沖縄のむかしの遊具を、玩具市で大人が子どもたちに縁起物として買い与える工芸品的な玩具と、まわりにある自然物を利用した自家製の遊具とに大まかに分けてみました。

琉球玩具

琉球王朝の時代より、旧暦の五月四日は「ユッカヌヒー」と呼ばれて、那覇港内で爬竜船《ハーリー》競漕が盛大に開かれ、同時にこの日を入れて前後の数日間、港近くの久米の大門《おおじょう》通りと首里城門前の陵門《あやじょう》通りで、年に一度の露店の玩具市が立ちました。

都の周辺の子どもたちは、この玩具市を一年中待ちこがれていて、この時ばかりは親たちに、お目当ての玩具を大っぴらにねだることができました。

玩具市で売られる玩具類のほとんどは、専門の工芸職人によって、この市のために作られた張子や土人形、木製品などの工芸品的要素の強いものです。大人たちが、わが子や親類縁者の子らに、魔除け、厄除け、無病息災など、健やかな成長を願って買い与えたり贈ったりする、たぶんに信仰的な意味をもっていました。

琉球国は一四世紀ごろから中国との交易が盛んになり、その文化や生活のあらゆる面に大陸の影響を強く受けています。そのことは玩具の世界でも例外ではなく、モチーフや製造の技法、色、形などに顕著にあらわれています。

また、一七世紀はじめの薩摩の侵略以降は、ヤマト(日本本土)の文化の影響も強く受けましたし、朝鮮や東南アジアの玩具とも共通した所が多くみうけられます。

それは、琉球諸島が地理的に、それらの国々の文化が激しく行き交う交差点の位置にあったことにもよります。

しかし、そうした他の国々の異文化を貪欲に吸収しながらも、亜熱帯の厳しい自然環境のなかで育まれたしたたかな感性が、琉球玩具の形や色彩、仕掛けなどに風格のある独特の様式美をもたらしました。玩具の種類も、最盛期には一五〇種もあったといわれています。

遊具

どの子にとっても、遊び道具は日常生活の必需品で、遊びのための材料がいつも身近にあればこれほど都合のいいことはありません。

亜熱帯地方の沖縄は、大振りの葉っぱや木切れ、木の実、貝殻、石など、遊び道具を作るための自然の材料が、一年中ふんだんにありました。子どもたちは、親や兄姉に手ほどきをうけ、あるいは自分たちで工夫して、それらの材料を切ったり削ったり、編んだりしてさまざまに細工し、いろんな種類の遊具を生み出しました。

ある物は現実に見る生き物の形であったり、時には抽象的な形であったりして、どの遊具からも、専門家が作る玩具にない素朴さと野性味豊かな生活感があります。何よりも、子どもたちが過ごした時代や、自然との深い関わり合いが遊具の一つ一つからみえてきます。

しかし、沖縄の子どもの遊びの世界にも時代とともに変化がおとずれ、それは近代に入って急激に進行します。

一九〇〇年ごろ（明治末期〜大正初期）から産業や交通手段が発達しはじめると、ヤマトからブリキやセルロイド、ガラスなどの新しい素材の機能的な玩具が入ってくるようになりました。そのため、もともと壊れやすく長持ちのしない張子や木製の玩具は、新興の玩具に押されてしだいに衰退してゆきます。そして、一九三〇年ごろ（昭和初期）には、琉球玩具類は、もはや子どもたちの世界からすっかり姿を消し、本来の縁起物としての性格も薄れて飾り物や置き物となり、また、一部の玩具愛好家の収集の対象品となってゆきました。

しかし、自然物を利用した自家製の遊具は、中央から遠く離れた島々で、親から子、子から孫へと受け継がれ、戦後もしばらくは物資不足もあってか、子どもたちにとってはなくてはならない夢の水先案内人でした。

いろいろな玩具、遊具

琉球玩具と遊具を、主に使用する素材別に分類しますと、紙（張子）、土（焼物）、木、糸、布、紙と竹、紙と木の組合せ、木の葉と実、貝殻などにわけられます。

紙（張子）

馬乗り人形（チンチンウマグヮー）、鯉のり童子、ズリ馬踊り人形、糸紡ぎ踊り、四竹踊りなどの風俗人形。起上り小法師（ウッチリクブサー）。牛、馬、犬、兎、猿、虎、獅子、鳩、鶏、闘鶏などの家畜や鳥獣類など。鬼、天狗、猿などの仮面（ハチブラー）。楽器のガラガラーなどがあります。

張子（張紙）玩具は、専門の職人たちによって作られた伝統的な玩具です。そのほとんどが、子どもの魔除け、病除け（疱瘡《ほうそう》、むし除け）、成長祈願などの縁起物として玩具市で売られました。

琉球王朝時代の華やかな風俗や人ひどの気風が、玩具のまろやかな形や色使いからも想像できます。また、鳥獣類や起上り小法師、仮面などに、中国や東南アジアの影響が強く感じられます。

琉球玩具のなかでも最も種類と数が多い張子は、土人形などと違って軽くて子どもがあつかっても安全で、しかも安価ということもあって贈り物として盛んに利用されました。

張子の技法は中国から伝わったもので、あらかじめ作られた木型に、反故紙などの紙を何枚も貼り重ね、天日や火力で乾燥します。木型を抜きとるために切り裂いた部分をさらに紙で貼り合わせたあと、ニカワで溶いた胡粉で下塗りして、天然染料や泥絵具で彩色します。

土製（焼物）

家、壺、馬、牛、犬、花売り女などがあります。

置き物と遊具があって、いずれもよく粘り上げた粘土を手ひねりや型押ししたあと自然乾燥し、〝荒焼き〟したままで完成のものと、胡粉《ごふん》で下塗りして彩色したものがあります。荒焼きはアラヤチと呼ばれ、釉薬を塗らずに粘土の素地のまま焼きしめたもので、赤褐色で、ざらついた素朴な手触りが特徴です。たいてい那覇の壺屋（窯元の集った町）で作られました。

土製のものはみるからに重厚感があり保存もききますが、張子に比べて落とすと壊れやすく、セルロイドやブリキなどの新しい素材の玩具が登場するといち早く影をひそめました。

木製（練物《ねりもの》を含む）

爬竜船《ハーリー》、山原船《ヤンバル》、刳舟《サバニ》、櫂、独楽《こま》など。また、練物として、魚売り女、鼓打ち猿、馬、獅子頭などがあります。

木製や練物の玩具は、張子と同様に専門の職人によって作られました。なかでも爬竜船は、競漕大会がおこなわれるユッカヌヒーの玩具市の目玉商品で、爬竜船競漕の勇壮で逞しい気風を子どもたちに継がせようと、盛んに買い求められました。

独楽は、子どもたちが自分で作れる上に手軽に楽しめる遊具で、さまざまな形や大きさがあります。

「練物」は、桐のおが屑と麩《ふ》糊で練り合わせたものを型抜きし形を整えたあと、胡粉をかけて色付けした玩具です。土製の玩具ほど重くなく、落としても壊れにくいので、張子と土製品の両方の長所を兼ね備えているといえます。

糸・布

手まり（マーイ）、お手玉、小袋などがあります。

これらは女の子には欠かせない遊具です。自家製も多く、手まりの糸の配色には、赤、青、緑などの鮮やかな色がよく使われます。お手玉や小袋に利用される布地は、芭蕉布や紬《つむぎ》などの琉球独特のもので、絣《かすり》や格子柄などが清楚な味わいを出しています。

紙と竹、紙と木の組合せ

凧には真凧（マックー）、六角凧、八角凧、アヨー、セミ凧、字凧（ジーピギダー）、鬼面凧（ウンヌチピギダー）、こうもり（カーブヤー）といったたくさんの種類があります。そのほか矢飾（ヤカジ）、御前筥（ウーメーバク）、御前様などがあります。

自家製の遊具の横綱格は、何といっても凧で、沖縄本島ではもちろんのこと、八重山島（石垣）や宮古島などの離島にも、各地方独特のさまざまな凧があります。

本島では二五〇年ほど前から、中国との交易で栄えた久米港周辺を中心に凧揚げが盛んにおこなわれるようになり、その後、沖縄風に改良されてきました。

新北風（ミーニシ）が吹きはじめる旧暦九月九日の重陽の節句のころになるといくぶんしのぎやすくなり、真夏に家のなかに閉じこもりがちだった子どもたちを爽やかな屋外に連れ出し、体を鍛えさせるためにこの季節にはとくに凧揚げが盛んにおこなわれたといいます。

いまでも沖縄では、九月に入ると自家製の凧をもち寄った凧揚げ大会があちこちで開かれています。

木の実、貝殻

アダン葉で作った風車（カジマヤー）、笛、星ころ、馬、ハブ、鶴、亀、蛙など、蘇鉄《そてつ》で作った虫かご、箸入れ、首飾り、クバの葉柄で作った舟、剣、クバの実で作った人形の頭、デイゴの葉で作った凧などがあります。また貝殻ではおはじき、独楽などがあります。

アダンの葉の風車は、たいていの人が子どもの時に作って遊んだというほどなじみ深いものです。「風車の祝」という九七歳の祝い席に招かれた人が、長寿のあやかりの風車を持って帰って、子どもたちに与える習慣があったことからも、風車が人びとの日常の生活のなかに浸透していたのがわかります。

クバの木は、沖縄では、その葉や葉柄、幹がウチワ、水おけ、セイロ、家の柱などのいろいろな生活具に利用されてきました。

また、デイゴの葉凧という八重山地方独特の凧があります。これは、落ち葉となって間もないデイゴの葉にしっぽと揚げ糸をつけたもので、適度の堅さをもった三角形のデイゴの葉と、骨の役目をする葉脈など、凧にする条件がそろっていて、早くから凧づくりの盛んな八重山の子どもたちに目をつけられたのでしょう。

貝殻を利用した独楽の場合は、円錐形をした巻貝の巻口の凹凸をすりつぶして、殻のなかに蠟を流し込み、指先で回して遊びました。貝の自然の模様が回転するときれいな縞模様をつくります。

獅子 張子／H:150 W:195（＊沖縄文庫）

沖縄の民家の屋根の上に、今でもシーサー（魔除けの獅子）が見られますが、この獅子の玩具も一種の魔除けです。琉球特有の紅色が使われ、表情もユーモラスです。

牛(ウシグヮー) 張子／H:120 W:200(＊日本玩具博物館)

闘牛が盛んだった琉球らしく足をふんばり、相手を見据えたように見えます。カラー頁の「猿」と同じく、紫と紅で彩色されています。

鯉のり童子　張子／H:230　W:270（沖縄県立博物館）

鬼の面(ハチブラー) 張子／H:230 W:200(＊沖縄文庫)

起上がり小法師(ウッチリクブサー)

張子／H:90 W:63(＊日本玩具博物館)

起上がり小法師は、子どもたちに人気があって、ユッカヌヒーの玩具市でも目玉商品の一つでした。日本本土、中国、朝鮮にもさまざまな表情のものがありました。

切れ長の目をしたこの起上がり小法師は、どこの国から渡ってきた美人でしょうか。

ガラガラー　張子／H:40　W:80（＊日本玩具博物館）

太鼓形の張子の中に砂や小石を入れ、振るとガラガラと音が出る幼児用の楽器です。

糸紡ぎ踊り 張子／H:175 W:140(＊日本玩具博物館)

猿の面(ハチブラー) 張子／H:195 W:180(＊日本玩具博物館)

御前様(ウーメントゥ)　紙と竹／男雛 L:220 W:150・女雛 L:200 W:150(＊日本玩具博物館)

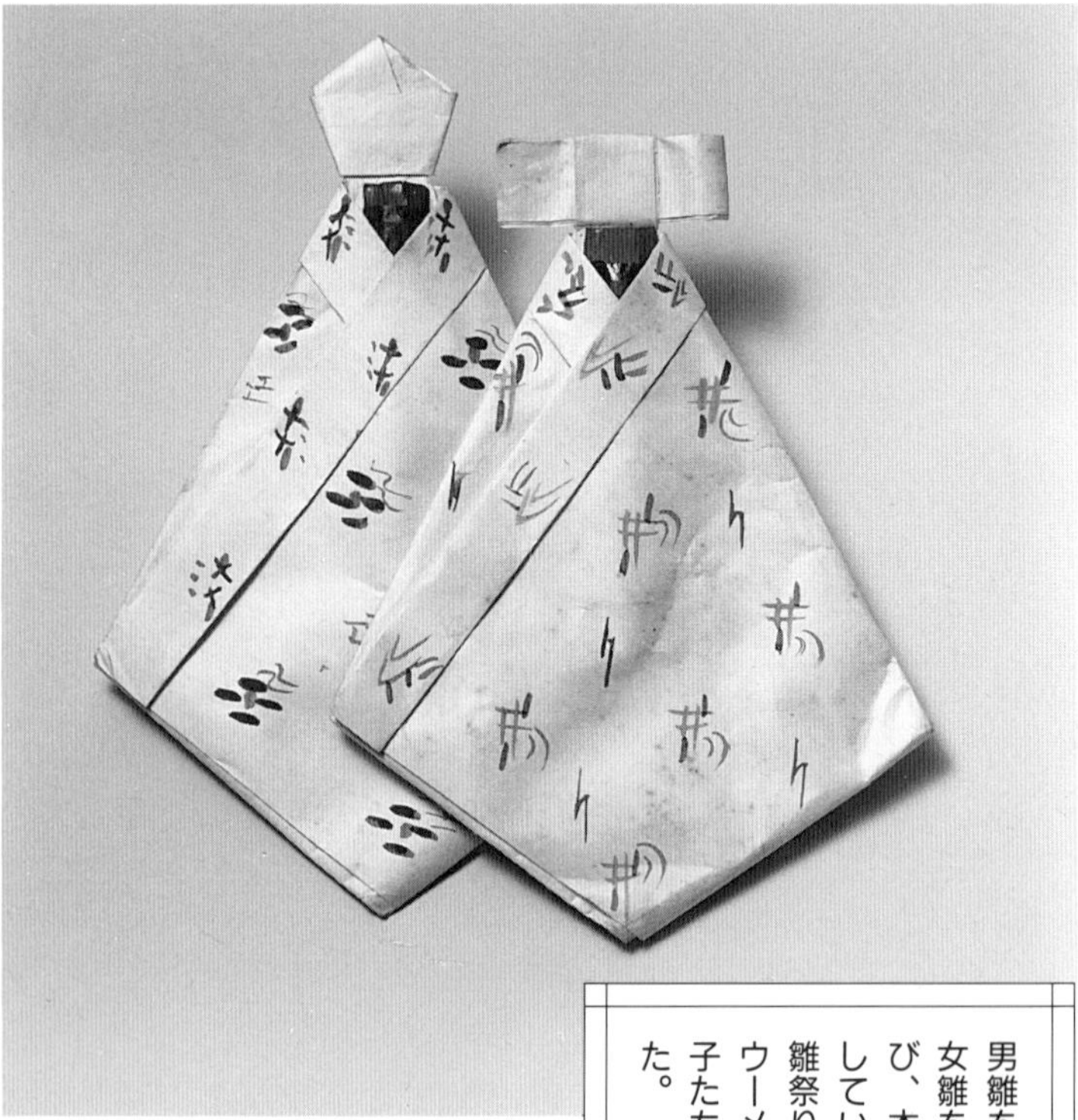

男雛をアサトーメー、女雛をマカトメーと呼び、本土の紙雛と類似しています。沖縄では雛祭りの習慣はなく、ウーメントゥは、女の子たちの夢を誘いました。

爬竜船(ハーリー) 木製／H:190 W:500(＊沖縄文庫)

花売り女 土製／H:185 W:100（＊日本玩具博物館）

壺 土製／H:80 W:120（＊沖縄文庫）

砂遊びや物入れに使った壺屋製の荒焼きの器で、強い色の縞模様が不思議な調和を保ち、素朴な感じを受けます。

星ころ　アダン葉／H:75（＊沖縄文庫）

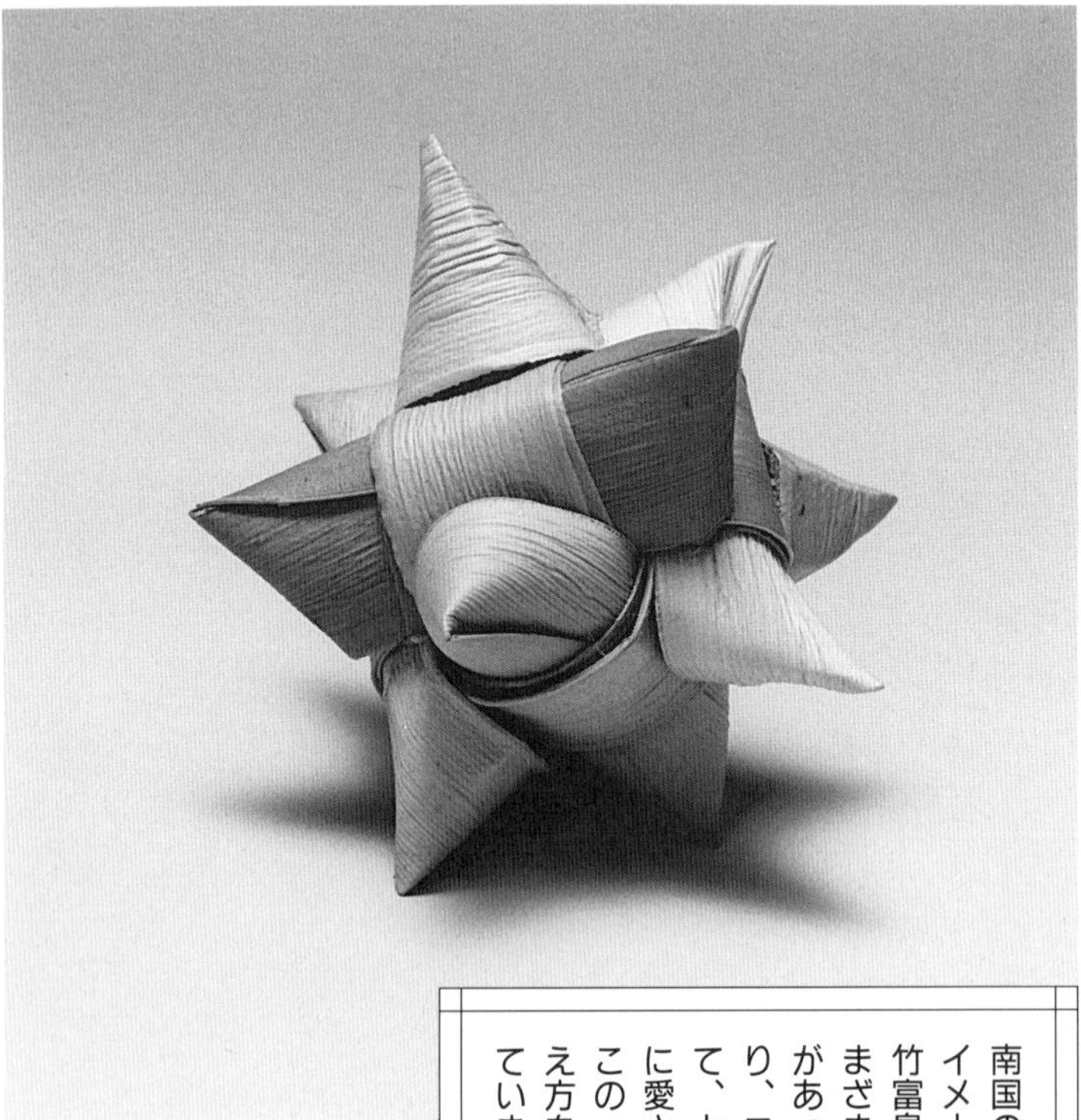

南国の満天に輝く星をイメージした八重山の竹富島の遊具です。さまざまな大きさのものがあって、その名の通り、コロコロとしていて、とくに子どもたちに愛されました。この一二の角で数の数え方を覚えたといわれています。

煙草入れ(タバグイリ)アダン葉／W:190、**風車(カジマヤー)**W:120(日本玩具博物館)

III　継承する人びと

古倉保文さん
「一生童心」

沖縄は長寿の人が多いとよく耳にします。那覇で長く琉球玩具を作り続けている古倉保文さんも、九〇歳を超えているとは思えないほど心身ともにじょうぶで、わたしのような若輩はまだまだがんばらないと、という感を深めます。古倉さんは小柄な上に童顔で、いつも頭にベレー帽がのっかっていることもあってか、つい絵本や童話に登場するやさしいおじいさんを連想します。

おもちゃの話になると、柔和な表情がもっと崩れ、おもちゃの好きな子どもがそのまま〝沖縄のおじい〟になったかのような感じさえうけます。

わたしが訪ねた自宅兼工房の応接間の壁には、知人から贈られたという「一生童心」と太書きされた額入りの書が掛かっていて、それが古倉さんが座右の銘として大切にしている言葉だと聞きました。子どもごころそのままに、人生の大半を郷土玩具の収集と製作にとり組んできた古倉さんは、「おもちゃと付き合っていると、もう何もかも忘れてほんとうに楽しいです」といわれ、「一生童心」は、まさに古倉さんにぴったりの言葉だと思いました。

そもそも古倉さんが、日本全国の郷土玩具を集める切っ掛けになったのは、古倉さんが二三歳の時、友だちが熊本旅行のみやげにとくれた「木の葉猿」のおもちゃです。たいへん気に入って、それから他の玩具の収集をはじめ出し、結局は足元にある琉球玩具を見直すことにつながっていったといいます。

「これまでに集めたおもちゃは本土のものが一万点、琉球のものが四〇点ほどです。自分の手で作った琉球のおもちゃは、この前三〇万点

工房で張子の色付けをする古倉保文（こくら　やすふみ）さん（右）。1904年、沖縄県那覇市生まれ。琉球郷土玩具作家。那覇市指定無形文化財第１号（1991年）。左は後継者の二男、保昭さん。那覇市小禄の工房で、おもに張子玩具を制作している。

を超えました。集めるのと作るのと両方やっている者は、本土でもたぶんいないと思います」と古倉さんは淡々と話されます。

「もともと趣味が高じてはじめたのですが、本土から新しいおもちゃがどんどん入ってきて、われわれの先人がやってきたものが駄目になる、こういう立派なものは誰かが継いでゆかないと途中で絶えてしまうと思って、子どものころのおぼろ気な記憶をたどったり文献で調べたりして、二五歳くらいから試作をはじめましてね。沖縄に古くからあったものは、戦争でもうすっかり焼けてしまいましたよ」

琉球玩具に関する資料が乏しいなかで、模索しながらの古倉さんの玩具づくりの苦労が伝わってきます。自分が幼いころに、ユッカヌヒー(旧暦五月四日)の玩具市で手にしたおもちゃから受けた純粋な感動を、再び自分の手によって後世の人びとに伝えたいと願う一心で、古倉さんは戦後、四六歳になって、それまでなりわいとして来た時計店をたたみ、琉球玩具の復元に本腰を入れるようになりました。そしてそれが思いがけず、当時の沖縄の駐留米兵とその家族たちの沖縄土産や本土の玩具愛好家の収集物として大いに重宝され、作れば作るほどに売れていったといいます。

一九五九年には、アメリカのグラフ誌「ライフ」にも紹介され、ワシントンのスミソニアン博物館やハワイのビショップ博物館のコレクションにも、古倉さんの作品が加えられるほど国際的にも注目されました。

また、一九九一年には、古倉さんの製作技術とキャリアが高く評価され、伝統工芸技能保持者として、地元那覇市の無形文化財第一号に指定されました。

○

「わたしは首里赤田の旧家の生まれでして、親父が、琉球の文化を長く保ちなさいということで〝保文〟と名付けたそうです。文化を守って一生を終りなさいということでしょう。親父は先見の明があったのでしょうね」と古倉さんは自分の生まれもった運命を強調し、無形文化財という気負いはまったくありません。

仕事場を拝見すると、色鮮やかに彩色された張子の鳩が、仕事机のまわりに行儀よく首を並べていて、後は目付けと仕上げを待つばかりの様子でした。

「一個一個手作りですから、そういっぺんに作れないんですが、いつの間にか三〇万個になっていましたよ。機械でやったらどうかという人もいますが、わたしはやっぱり手作りにこだわっていて、お金にならなくてもいいから一つ一つ丁寧に作ってゆきたいんです。そのために、まったく同じものはできないし、格好も良くありませんが、手作りの良さは大切にしてゆきたいですね」

そういって古倉さんは、自分が手塩にかけて作り上げた玩具の一つ一つをいとおしむように見まわしました。

伝統文化の保存とか継承とかを口では簡単にいっても、いざとなるといまはどの分野でも真剣に後継者となろうとする人が少なく、古倉さんにとっても例外ではありませんが、幸いにして、二男の保昭さんが四年前、郵便局長の職を定年を待たずに辞め、父親の仕事の後継者となることを宣言して、古倉さんの心配も解消することになりました。

父親の保文さんとは対照的に、どうどうとした体格の保昭さんは、訥々《とつとつ》と話す自分の師匠のそばで言葉を挟みます。

「張子の目付けも、父はメガネなしでやれるほど目がしっかりしているんですよ。張子は目付けが集大成でして、作る人の心や感情がそこに全部表われるんです。だから父は、気持ちが高ぶっている時にはけっして目付けをしません。気持ちの静まった時にしかやらないんですよ」と優しい目を師匠に向けます。

いま、古倉保文さんは、チンチンウマグヮー(馬乗り人形)、シーシーグヮー(獅子)、ウッチリクブサー(起上がり小法師)などの張子類に、ハーリーグヮー(爬竜船)など一五種類の玩具を製作しています。そして保昭さんは、父親の仕事を手伝いながら、独自に土製の人形を作りはじめています。

古倉保文、保昭親子二代の〝仕事師〟が、いかにも楽し気に琉球玩具づくりに打ち込む姿をみていると、沖縄文化の片隅に一条の光が差すようで頼もしいものを感じました。

外原　淳さん
「遊びが子どもを育てる」

外原淳さんの工房「星ッコロ」は首里城の近くにあって、いかにも玩具工房らしく外観も内部も手づくり風に飾られた二階家で落ち着いた雰囲気があります。わたしが案内された部屋の真ん中には、仕事用らしい大きなテーブルがあって、まわりの壁や棚には外原さんの手になる沖縄の玩具や遊具が所狭しと飾られ、氏の郷土玩具への熱い想いがひしひしと伝わってくるようでした。

今回はじめての訪問だったせいか、最初の内はお互いにぎこちない会話を交わしていましたが、そのうちに、外原さんとわたしが同い年と分かると急に打ちとけ合い、時間のたつのも忘れて話し込んでしまいました。

外原さんは、ここ二〇年来沖縄県内に伝わる手づくり遊具の研究とその復元に取り組み、自身が考案したオリジナルのもの五〇点を含めて、全部で一五〇点ほどの手づくり玩具を保存しています。その種類と数の多さでは、沖縄県内では誰にも引けをとらないと自負されます。

手づくり玩具の宝庫ともいえる八重山（石垣島）で生まれ育った外原さんは、子どものころの遊びの体験が現在の仕事の基盤になっているといいます。

学校を終えて社会人となった時、ふとまわりを見回すと、かつて自分が馴れ親しんできた沖縄のおもちゃがほとんど姿を消していることに気付き一抹の寂しさを覚えました。そこで一念発起し、沖縄の伝統的な遊具を再び甦らせて次の世代に伝えてゆこうと、会社勤めの休日を利用しては沖縄本島はじめ、県内の離島の一つ一つを歩いてまわって、その土地のむかし遊びや玩具を知るお年寄りたちから聞き取り調査をはじめたそうです。

しかし、当のお年寄りたちが元気な間にと気がせく外原さんは、このままサラリーマンを続けていたのでは時間的な制約があって仕事がはかどらないと思いはじめ、調査をはじめて三年目にとうとう意を決して脱サラに踏み切りました。

「突然だったので、家の者もびっくりしてね」と外原さんは当時を回想します。

「一つには自分が親をしていてわが子に何も教えてやれないという悔いもあったし、まわりの親たちをみても、子どもの時からおもちゃをただ買い与えられて親になっているから、手づくりのおもちゃはすたれてゆく一方でしたよ。だからいま、誰かが〝むかしといまを結ぶ仲介役〟をしないと沖縄の素朴なおもちゃの痕跡すらなくなってしまうと……」

そう感じて外原さんは、沖縄のじいちゃん、ばあちゃんの思い出のなかに生きているおもちゃとむかし遊びを拾い上げ、自分なりに試行錯誤を重ねてこつこつと復元してゆきました。だが、この仕事にのめり込むほどに、「家族にはいろんな面で犠牲を強いることになりまして

工房での外原　淳（そとはら　じゅん）さん。1935年、沖縄県石垣市生まれ。沖縄玩具研究家、造形作家。工房「星ッコロ」代表、沖縄玩具伝承友の会主宰。著書に、『星っころ』『おきなわの工作』（工作副読本）がある。沖縄市首里在住。

ね」と苦笑いされます。

○

数多い沖縄の伝統的な玩具のなかでも、外原さんがとくにこだわってきたのは、アダン葉やソテツの葉のような、沖縄独特の植物で作る遊具でした。それぞれの地域によって、種類も形も異なりますが、虫かごや風車、星ころ、馬、亀、蛙などさまざまに楽しい遊具があって、本島の那覇の玩具市で売られる張子や土人形にない素朴さと温か味があるといいます。

外原さんは間もなく自分の工房をもち、「沖縄玩具伝承友の会」も発足させました。これは親と子がいっしょになって玩具づくりに馴染むことによって、伝統文化がスムーズに伝承されてゆけばという外原さんの強い願いがこめられて作られた会でした。

いろいろと新しい試みを進めるなかで、外原さんは現代の親子の関係や子どもの教育のあり方などがしだいに見えてくるようになったといいます。

「子どもたちはこういう風に育つべきだというのが、このごろ、ようやくわかりつつありますよ。例えば、人間がオギャーと生まれてくる時に、数え切れないほどの脳細胞をもって生まれてきますよね。しかし、その先で、ものすごいデリケートなものを自分で上手く取り出したり、人に引き出してもらえないとどんどん死滅してゆきます。ずく、いつまでも残るのは本能の部分だけです。そのデリケートな脳細胞を失ってしまったのが、大人になり親になっているとしますと、これは怖いことで、子どもは結局は親の背を見て育ちますから、親と同じようにしか成長しない。そんなことを考えると、けっしていい加減な大人になったり親になったらいけないと思いますよ」と、外原さんはわたしの方をみて悪戯っぽく笑いました。

「いや、そうはいっても、わたしが現役で親をやっていた時に生活にゆとりがあって、こういうアトリエが家のなかにあって、子どもにふんだんにおもちゃをみせたり触らせたりしていたら、わが子もまた、いまと違った方向に成長していたかも知れないですよ。わたしの子どもは、結局学校を出るとほかの道に入ってしまいました。もちろん、子どもは子どもで自主的な道を歩めばいいんですが、やっぱり寂しいもんですよ」

と外原さんはちょっぴりと本音を漏らしました。同じ人の子の親として、わたしもその気持ちは痛いほどわかります。

「それに……近ごろは遊ぶ場所も遊ぶ材料もすぐ身近にないでしょう。子どもは〝遊びの天才〟なんていいますけれど、それも、ある程度恵まれた環境があってのことですよ。近くにすばらしい公園があっても、やれ、汚したらいかん、ほれ、木の枝折ったらいかん、みんないかんずくめで子どもは少しもおもしろくない。無闇に植木を切ったりするのもどうかと思うが、もっと自然な姿で何とか遊べないものかと……。例えばですね、工作に使える植木がある程度公園に用意されていてもいいと思いますよ。『はい、この木は好きな枝を切って工作に使ってもいい木、これは何々に使える木』とかいってね。塵を落としたらいかん、ゴミを出したらいかんじゃなくて、まわりの大人たちと行政がいっしょになって、子どもたちが自然体で遊べるような環境づくりをしてあげないとね」

外原さんは、ふだん外で遊ぶ子どもたちの環境や状況にいら立たしさを感じているのでしょう。

「いろんな意味で、わたしたちの子ども時代は恵まれていたといえますね。仲間を求めて自然に集まってきて、徒党を組んで悪戯もし、叱られもしましたが、仲間たちと遊びを楽しみながら、体力的には平衡感覚を、精神的には自分の立場や力のほど、人との付き合い方といった生活の知恵を自然に身につけていったもんです。それは将来、大人になるための社会性を会得する準備段階で、遊びのなかにそれがみんなあったと思いますよ」と外原さんは熱っぽく話されます。

いま、外原さんは学校や保育園に招かれて、大勢の子どもたちと交わり、手づくりおもちゃの実践的指導をすることが多いそうです。その合間にも、外原さんが理想像として構想をもっている〝玩具博物館〟の設立を実現しようと関係各機関に精力的に働きかけています。その理想像とは、ただ館内に玩具を並べるだけでなくて、大人も子どももいっしょになって手づくり玩具の学習ができる場であり、また、お年寄りにもできるだけ参加してもらって、自分たちの思い出を子どもたちに語ってもらえるような親しみのある博物館にしたいということです。

外原さんの熱い思いや、これまで培《つちか》ってきた手づくり技術と知識の養分が、あらゆる所で大人や子どもたちのこころの土壌に浸透してゆけば、近い将来、そこから色鮮やかなアカバナー(赤花)が咲きはじめることでしょう。

「星ころ」の作り方

材料　幅２cm、長さ14.5cmのアダンの葉３枚と長さ13cmのアダンの葉６枚（梱包用のビニールのひもや厚紙を利用しても作れます）

用具　はさみ、ホッチキス

(1)長さ14.5cmの３枚で図④の輪を作る。

①

ホッチキスでとめる。

②③④

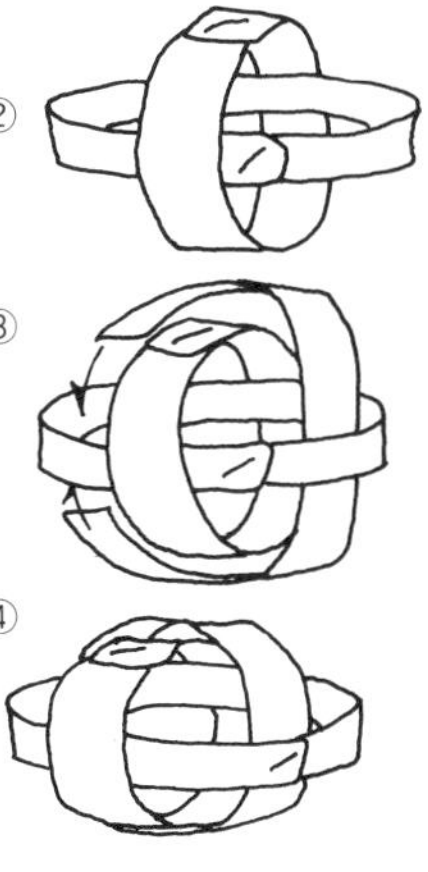

(2)長さ13cmの６枚で図⑧のとんがりを６つ作る。

⑤⑥⑦⑧

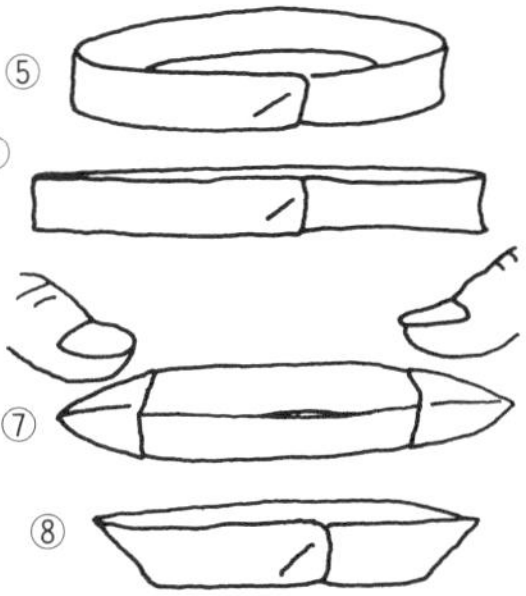

(3)輪のなかにとんがりをさしこんでできあがり。

（外原淳著『星っころ』参照）

クバの舟の作り方

クバの葉柄《ようへい》は子どもでも比較的容易に削れますので、いろいろな形のものが作れます。

材料　長さ約20cmのクバの葉柄、フクギの葉、竹、竹ひご

用具　小刀、彫刻刀、キリ、のこぎり

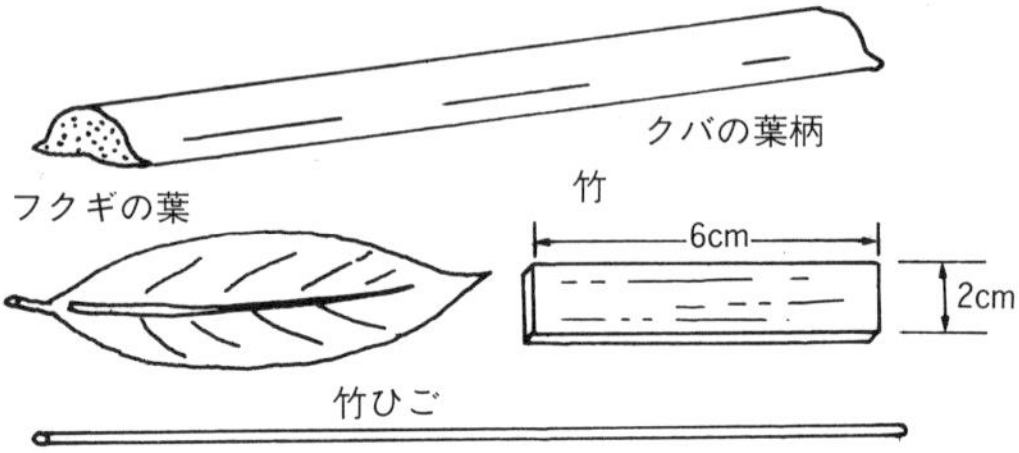

(1)舟の形を作る。

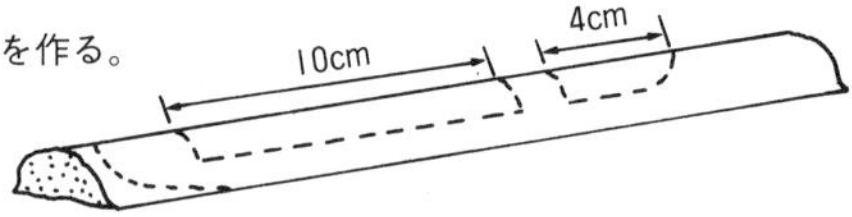

(2)キリで穴をあける。

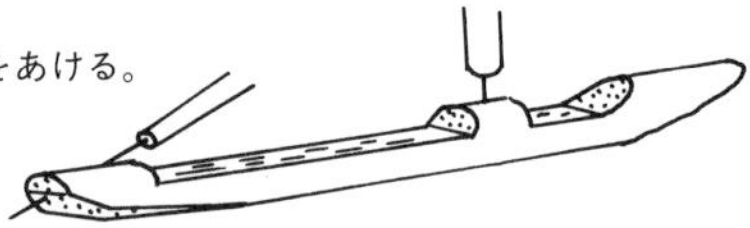

(3)竹と竹ひごで「かじ」を作る。

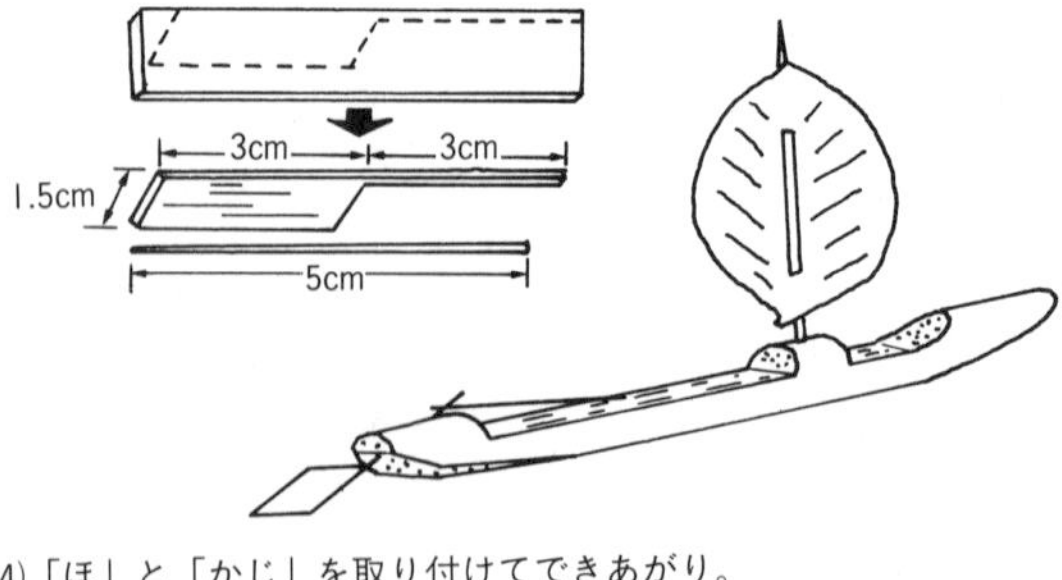

(4)「ほ」と「かじ」を取り付けてできあがり。

(外原淳著『星っころ』参照)

西平守勝さん
「凧に魅せられて」

三月から四月にかけては沖縄は天気も気温も不安定な日が続いて、トロピカルな雰囲気を期待してゆくとちょっとがっかりします。わたしが、沖縄の凧づくりのベテランの西平守勝さんに、お手製の大凧を揚げてもらうことを約束して沖縄に出向いたのは四月上旬でした。やっぱり数日の間、雨まじりの強い風が吹いて、白砂の海岸で西平さんと凧の颯爽《さっそう》とした共演を残念ながらカメラにおさめることができませんでした。そこでわたしは西平さんと、首里の金城町にある西平さんの娘さんの嫁ぎ先で落ち合い、凧の代表的な作品をみせてもらいながら話を聞くことにしました。

凧と風とは文字通り深い因果関係にあることは、凧についてズブの素人のわたしにもわかることですが、正月にだけ市販の小振りの凧を買い、それを猛ダッシュして無理矢理に引っ張り揚げるわたしたちのいい加減な凧揚げに比べ、〝凧揚げの正道〟は想像以上に険しいもののようです。

沖縄では、むかしから北風が比較的安定する九月ごろが凧揚げのシーズンで、旧暦九月九日の重陽の節句には、どの地方でも男の子の成長と健康を願っていっせいに凧揚げがおこなわれたといいます。いまも沖縄県内では凧揚げ競技が盛んに開かれていて、九月に入ると教育委員会や自治会などの主催で凧揚げ大会が各地でおこなわれています。

西平守勝さんが生まれ育った八重山(石垣島)は、沖縄県内でもとくに子どもの遊びが盛んなところで、凧揚げも九月だけでなく、正月休みや旧暦一月一六日の先祖供養祭にも村をあげておこなわれたそうです。

「わたしが凧を作りはじめたのは小学校二、三年のころでしたね。そう、五年生くらいまでは夢中でしたよ。子どもたちはみんな自分で作って凧揚げをしたもんでした。材料はまわりにいくらでもありましたからね」と、西平さんは日焼けした柔和な顔をほころばせて当時を懐かしがられます。

「自分が作った凧を揚げてはじめて凧揚げの醍醐味が味わえるんですよ。おもちゃ屋で売ってる奴凧やトンボ型の洋凧は、まァ誰が揚げても簡単に揚がりますが、すぐに飽きますね、おもしろ味がありません。自分でああでもない、こうでもないと、形や大きさや絵柄を考え、骨の曲げ具合を変えたり、風の具合をみてしっぽの長さを調節したりして思うように揚がった時は、そりゃー、もう、こたえられないですよ」と目を輝かせました。

○

西平さんが作る凧は、主に八重山地方独特のピギダーという逆梯形をした大凧と、アヨーと呼ばれる長方形の凧、六角形や八角形の凧、セミの形をしたセミ凧、蝶の形をした風弾（フータン）などの伝統的な凧です。そのほかに、一昨年、かつての琉球王朝の宮殿の首里城が復元建造されると、早速その写真をカラーコピーで拡大して絵柄として使ったり、テレビの人気番組のロボットの形の凧を作ったり、時流をとらえた創作凧づくりにも余念がありません。

しかし、西平さんの凧づくりは、あくまでも趣味の範囲内のことらしく、自分が気に入った凧でも、欲しい人があればすぐに手離すために、手元にはたいていいくつも残らず、ましてこれまでに作った凧の数などまったく気にしていないと笑われます。自分が楽しんで作り上げ、それでまた人にも楽しんでもらえて、その縁で凧好きの輪が広がってゆけば、凧づくり冥利につきるといわれます。

「一時、沖縄本島でも凧がほとんどなくなって凧揚げがすたれた時期がありましてね。わたしの場合は、わたしの会社で働く人の子どもさんたちに正月に凧を作ってあげたのが、本格的に凧づくりをはじめる切っ掛けになったんです。子どもたちと凧をどんどん作ってゆくうちに、次の世代に沖縄の凧を伝えてゆこうという気持ちが強くなりましてね。そうこうするうちに子どもたちが集まる保育所や小学校やボー

自作の凧を手にする西平守勝（にしひら　しゅかつ）さん。1932年、沖縄県石垣市生まれ。印刷所勤務（南西印刷）のかたわら、兄、守栄氏とともに、沖縄の伝統的な凧の継承に取り組んでいる。那覇市首里在住。

イスカウトから声が掛かるようになって……。講習会などによく呼ばれましてね。一人でこなせない時は兄に手伝ってもらってやるんですよ」

使う材料が単純なこともあって、子どもたちは最初は簡単だと考えて作りはじめるそうですが、「それがおもしろいんですよ。見本をみせて作らせるんですが、作ってゆくうちに骨組みの竹ひごを裏返しにくくったり、骨組みの裏側に紙を貼ってしまったりして、それであわてましてね、むずかしいもんだと気がつくんですよ。骨のそり加減も上手くやらないと、揚がるのは揚がるんですが、風当たりが強すぎてバランスを崩します。尻っぽの長さも大切だし、ほんとうに微妙なもんなんです」

西平さんはそういって、子どもの体ほどの大きさがあるピギダーを手にして苦心するところを説明してくれました。しかし、自分が手をとって教えた子どもたちの凧が凧揚げ大会などで空高く舞い上がり、ほかの凧を圧倒する様子をみると寒気がするほど嬉しいもんですよと、西平さんはまるでその場にいるように顔を紅潮させました。

自分で工夫して凧を作り、その凧の性格に合う風をつかみ、凧糸を通して風の息づかいを体で感じとる凧揚げは、とりもなおさず大自然の微妙な営みを知り、自然と同化してはじめてきわめることのできる奥の深い遊びといえるかも知れません。

「ただねェ……」と西平さんは急に真顔になりました。「むかしはどの家の近くにも原っぱがいっぱいあったもんですが、最近は沖縄でも街なかで凧揚げが出来るような広い場所が少なくなっていましてね。作っても、子どもたちが凧揚げに熱中しなくなっているのは凧揚げをする場所が身近にないこともあるんでしょうね」と、わたしの方に向き直ってしんみりと話されました。

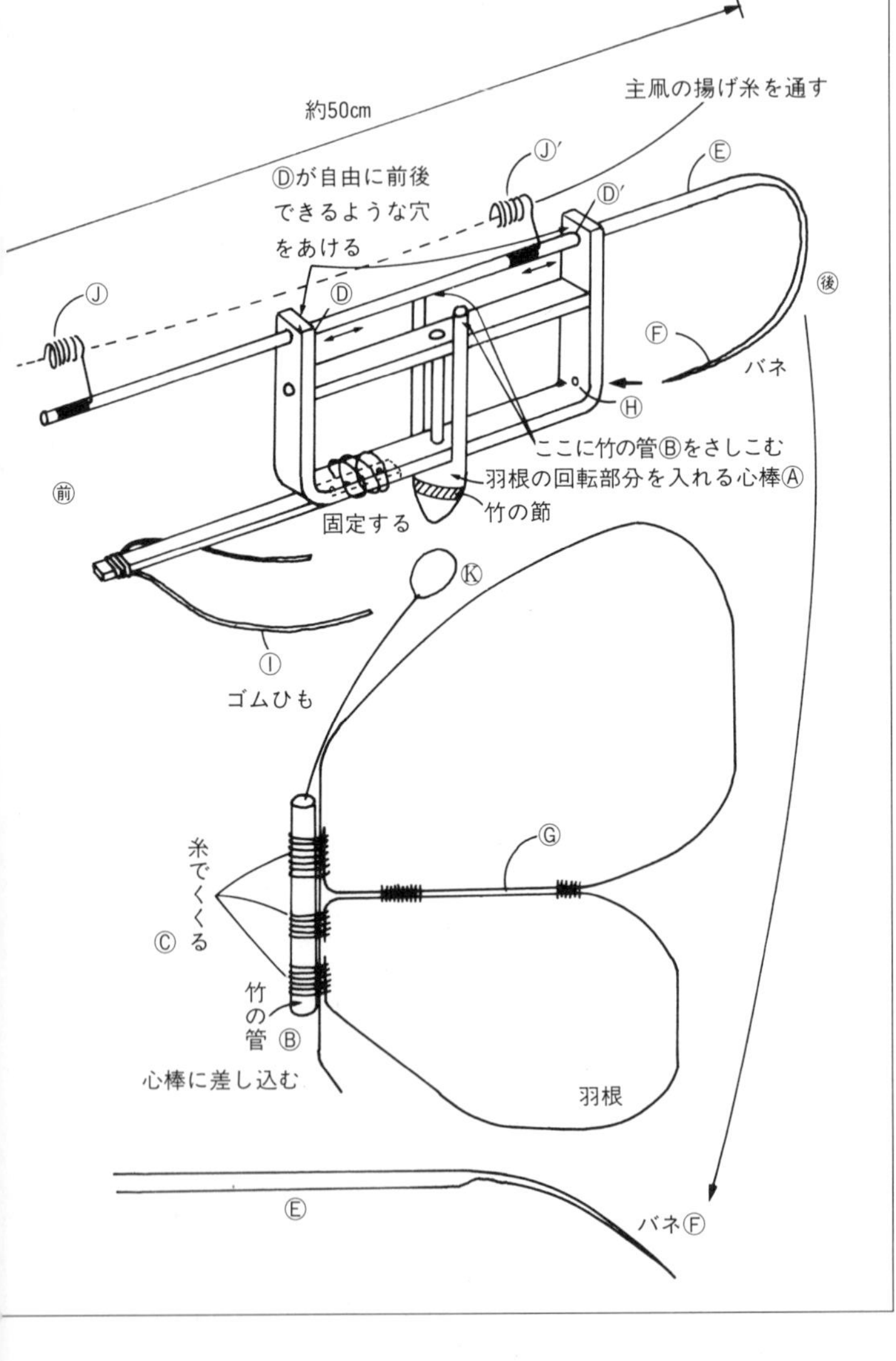

約50cm
主凧の揚げ糸を通す
Ⓙ′
Ⓔ
Ⓓが自由に前後
できるような穴
をあける
Ⓓ′
Ⓙ
Ⓓ
㊮
Ⓕ
バネ
Ⓗ
ここに竹の管Ⓑをさしこむ
羽根の回転部分を入れる心棒Ⓐ
竹の節
㊐
固定する
Ⓚ
Ⓘ
ゴムひも
Ⓖ
糸でくくる
Ⓒ
竹の管 Ⓑ
心棒に差し込む
羽根
Ⓔ
バネⒻ

フータンの作り方

むずかしいものですが、説明文や写真・図を参考に工夫してください。

材料　竹、針金、ゴムひも、糸、紙

　　　(骨組みはすべて竹を利用します)

用具　キリ(細・太2種)、ナイフ、紙ヤスリ、ペンチ、ノリ

(1)少し太めの竹の節を利用して、心棒Ⓐを作る。

(2)細い竹で管Ⓑを作り、あらかじめ竹ひごで作った蝶の羽根の骨を糸でくくりつけるⒸ(左右対称に2点)。

(3)羽根に紙を貼り(障子紙を表と裏から貼りあわせてもよい)、色を塗る。

(4)竹の骨組みを作る。曲がった部分は火であぶりながら形をととのえる。
ⒹⒹ′の部分の穴は、Ⓔの棒が少し動きやすいように、少し大きめに。
Ⓕのバネの部分は、折れない程度に細くしていき、先をとがらせる(バネの部分は竹の表面が外側になるように曲げる)。

(5)2枚の羽根を心棒Ⓐの両側にそれぞれ差し込む。2枚の羽根のⒼ点同士をじょうぶな糸で、両羽根がまっすぐ開いた状態よりも少し長めでくくりつける。そして、その糸をバネⒻにひっかけ、バネの先端をⒽの穴に差し込む。

(6)ゴムひもⒾの両端を少し引っぱって2枚の羽根のⒼ点を結び、バネⒻがぬけた時に、バネⒻにひっかけた糸がはずれ、ゴムの弾力で羽根が閉じるようにする。

(7)ⒿⒿ′のコイルは、細い針金を鉛筆などに巻いて作り、棒Ⓔの2点に固定する。(コイルⒿⒿ′にとおした主凧のあげ糸にそって、風にあおられたフータンが上昇したり下降したりします)

(8)竹の管Ⓑの上部に蝶の触覚Ⓚを固定してできあがり。

◆主凧のあげ糸の適当なところに竹串などを刺して接点を作っておくと、フータンが上昇して、その接点にコイルⒿがあたり、バネⒻがはずれ、ゴムひもで引っぱられていた羽根が閉じて、フータンは下降し、手元に戻ってくる仕掛けになっている。

◆バネⒻに、絵や文字を書いた色紙などを数枚差し込んでおくと、バネがはずれた時に舞い落ち、おもしろ味が出る。また、小さいボール箱を作って、その中に小さく切った色紙を入れておけば、紙吹雪になる。

◆使う材料や形、絵柄、仕掛けに自分なりの工夫をして作るのも楽しい。

(西平守栄著『沖縄の凧』参照)

◆フータンの材料

◆フータンがあがった図

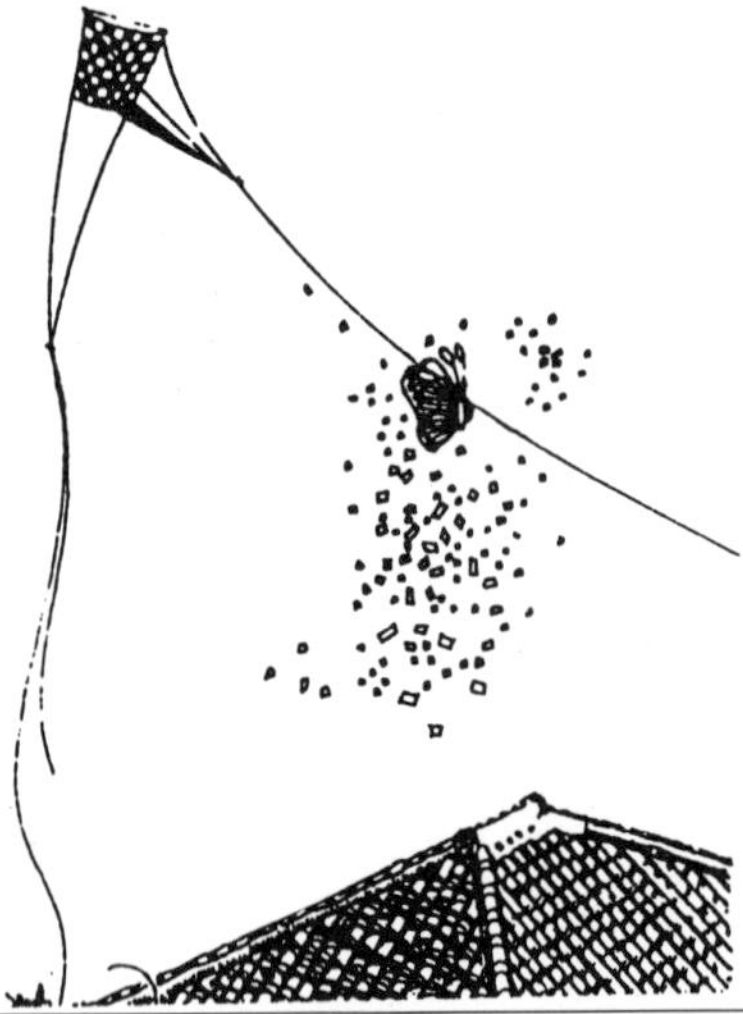

ズリ馬踊り人形(ジュリグヮーニンジョウ)

張子／H:255 W:100(沖縄県立博物館)

毎年二〇日正月（旧一月二〇日）には、那覇辻町のズリ（馬類）と呼ばれる遊女たちが、板首馬を帯にはさみ、四ツ竹を鳴らしながら、ユイ、ユイ、ユイと馬舞いして街を練り歩きました。

この玩具はその遊女を模したもので、華やかさの中にもどこか哀愁があります。

鶴・亀・子馬　アダン葉／鶴 L:100 W:120（＊沖縄文庫）

沖縄では鶴は馴染みのない鳥ですが、むかしから縁起のよい生き物として、民族踊りや紅型の題材としてもよく使われました。亀や馬は身近で見かけるために、よくアダンやワラ細工の対象となりました。

野良仕事の合間や浜遊びの時などに、親や兄姉たちに編み方の手ほどきを受けたにちがいありません。

独楽《こま》(コールー)　木製(外原淳)

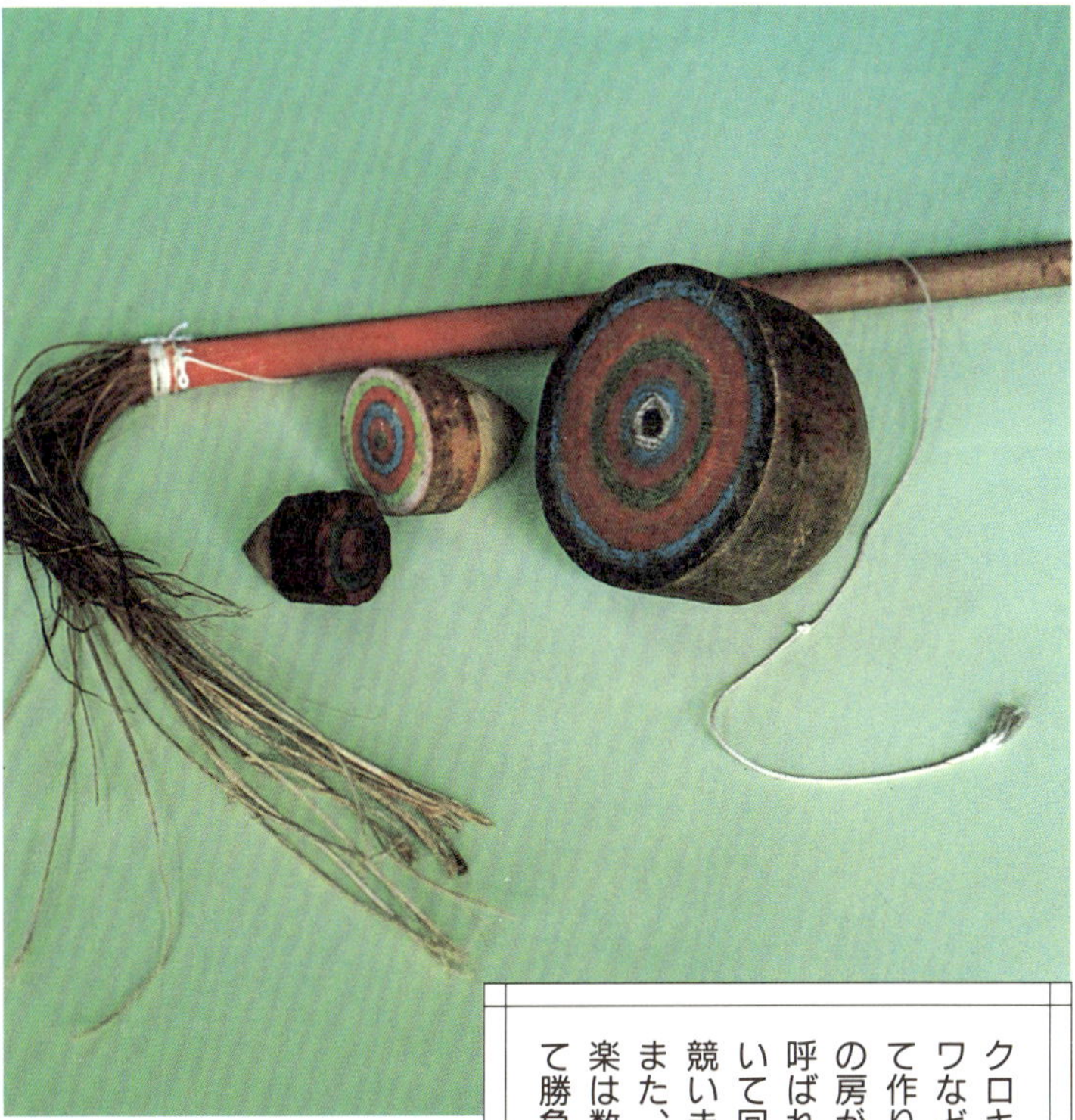

クロキ、チャーギ、クワなどの堅い木を削って作り、アダンの気根の房がついた「バチ」と呼ばれる叩き棒でしばいて回っている時間を競いました。
また、巻ひもで回す独楽は数人がぶつけ合って勝負しました。

御前筥（ウーメーバーク） 木と紙／H:70 L:200 W:135（＊沖縄文庫）

ウーメントゥ（男女の紙雛）を納めるための箱で、粗削りの木箱に色とりどりの千代紙などを幾何学模様に切り貼りした女の子用の遊具です。
のちに、お手玉やおはじき、指輪などを入れる宝石箱や、裁縫箱として用いられるようになりました。

鞠(マーイ)　糸と布／大H:145・小H:120(＊沖縄文庫)

鞠は、女の子の正月遊びに欠かせない遊具です。那覇や首里の玩具市で売られるものは、色あざやかな模様が多く、自家製のものは、ソテツの棉などを芯にして、古糸を幾重にも巻いて作られました。

馬(ウマグヮー) 土製/H:210 W:200(＊沖縄文庫)

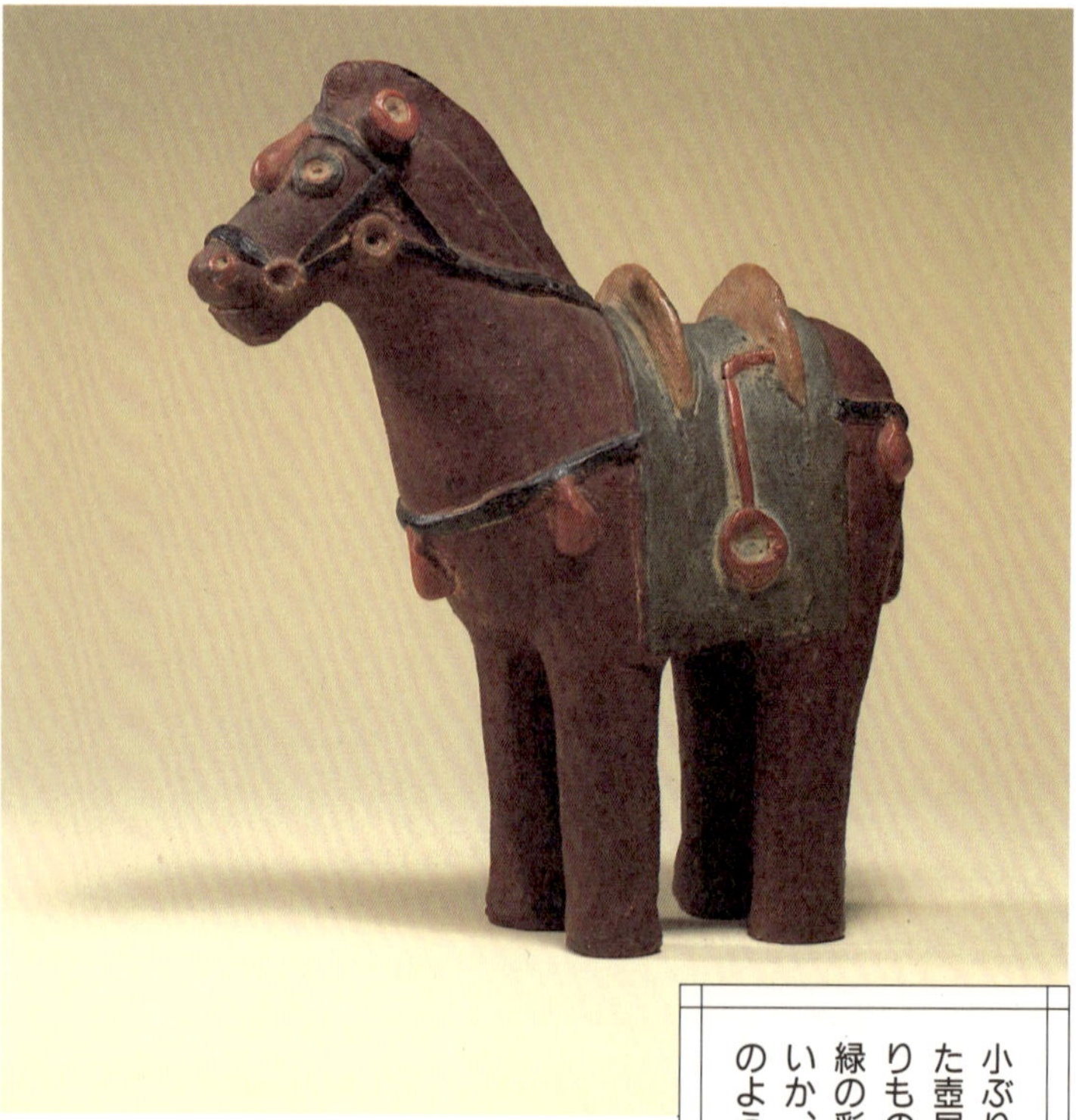

小ぶりの琉球馬を模した壺屋製の荒焼きの飾りものです。渋い赤と緑の彩色や重量感のせいか、一見、埴輪の馬のように見えます。

獅子(シーシーグヮ)　張子／H:125 W:175(＊沖縄文庫)

矢飾(ヤカジ)
木と紙／H:920 W:470(＊日本玩具博物館)

雌雄一対の竜が描かれた厚紙の台紙に、弓矢や長刀、青竜刀などを左右対称に差し込んだり糊づけされたものです。男の子の誕生日に祝い物として贈り、一年の魔除け、招福を願いました。
中国から伝わったもので、本土の破魔矢にも通じるものです。

馬乗り人形(チンチンウマグヮー) 張子／H:280 W:165（古倉保文）

クバの舟 クバの葉柄、フクギの葉／H:180 W:240（外原淳）

虫かご　ソテツの葉（外原淳）

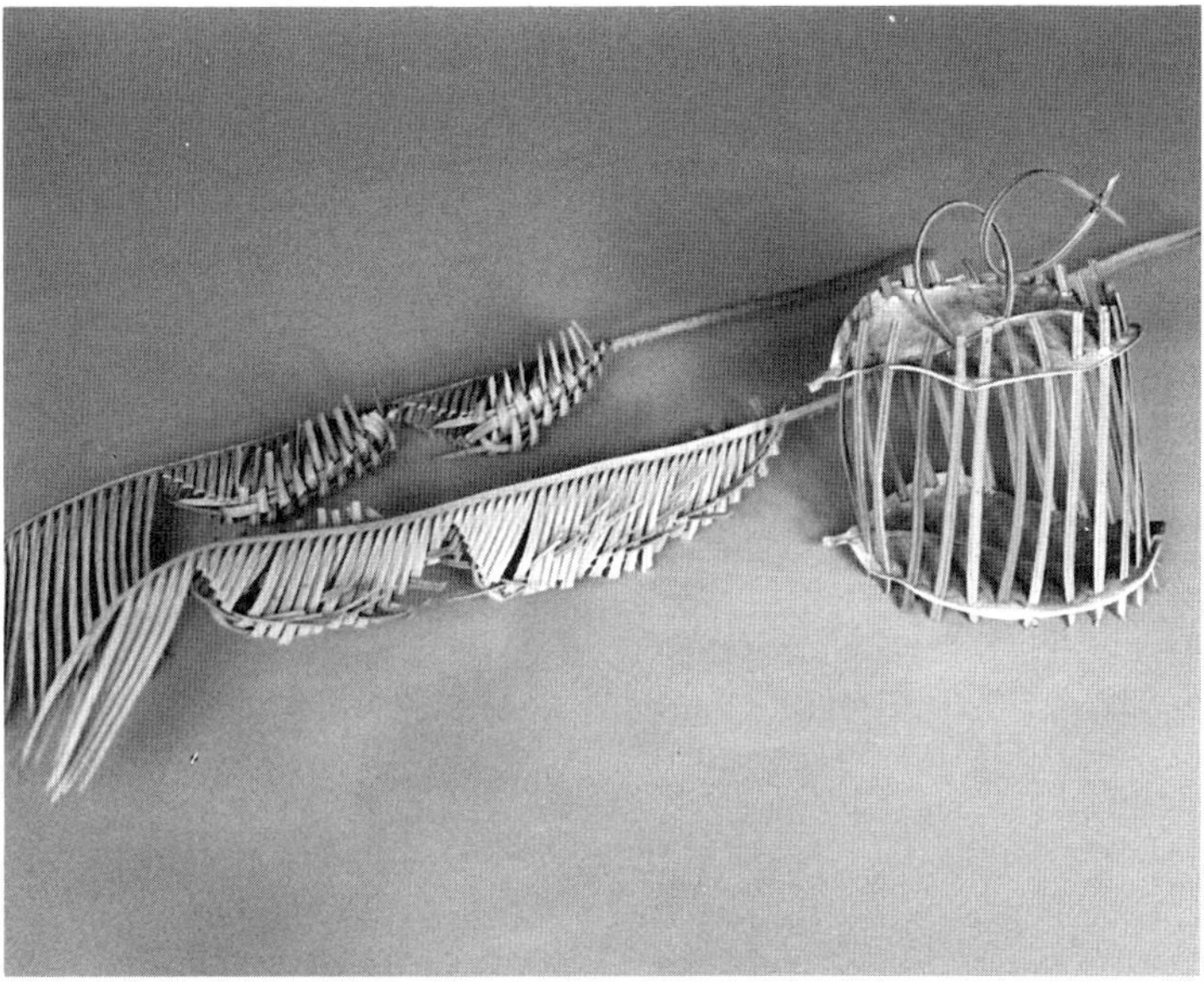

風弾(フータン) 紙と竹／H:350 W:400（西平守勝）

八角凧　紙と竹（西平守勝）

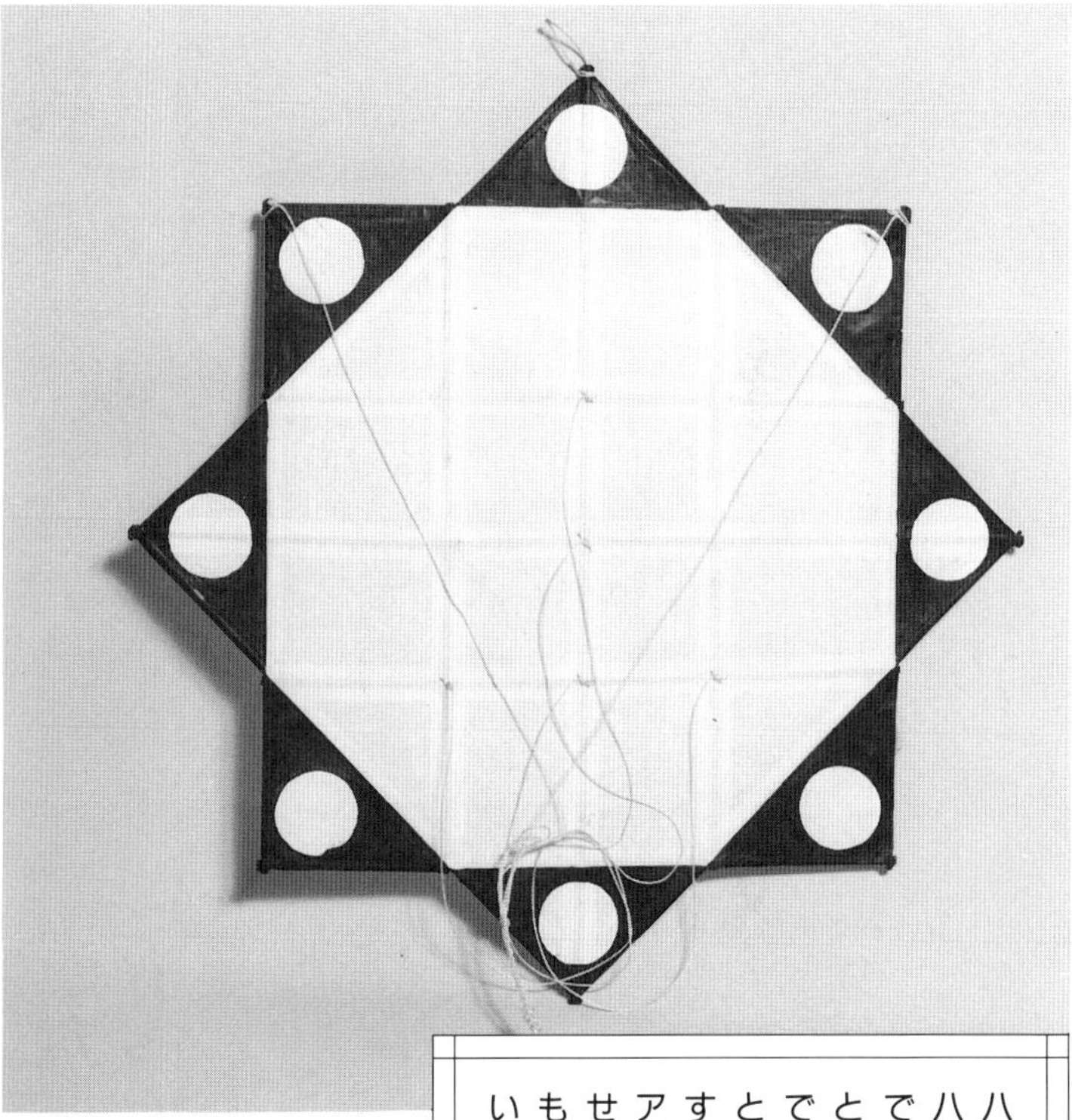

八角形や六角形の凧は八重山地方独特のもので、彩色は黒と白、赤と白の組み合わせが主です。尾には、長い尾と短い補助尾をつけます。凧糸や糸目糸にはアダンの気根を乾燥させ、細かく引き裂いたもの（アダナシ）を使いました。

猫(マヤーグヮー) 張子／H:110 W:145（＊日本玩具博物館）

犬(イヌーグヮー) 張子／H:120 W:150（＊沖縄文庫)

ガラガラー 張子／H:40 W:100（＊沖縄文庫）

郵便はがき

料金受取人払

本郷局承認

1244

差出有効期限
2005年12月
31日まで

113-8790

377

〔受取人〕
東京都文京区本郷
2-5-12

新泉社

読者カード係 行

◆本書の発行を何でお知りになりましたか？

1. 新聞広告　　2. 雑誌広告　　3. 知人などの紹介
4. 小社の図書目録　　5. 書評　　6. 店頭で

◆本書に対するご批評・小社への企画のご希望など…

このカードをお送りくださったことは　　ある　　なし
★小社の図書目録を差上げますか　　いる　　いらない

書名

購入書店名　市区町村

ご購読の新聞雑誌名
新聞　雑誌

あなたのご専門
または興味をお持ちの事柄

ご職業
または在校名　年令　才

〔郵便番号〕

ご住所

ご氏名
ふりがな

このはがきをご利用になれば、より早く、より確実にご入手できると存じます。

購入申込書　お買いつけの小売書店名と　ご自宅の電話番号を必ずご記入下さい。
ご自宅〔TEL〕

書名　〔部数〕　部

ご指定書店名　取次　この欄は書店又は当社で記入します。

住所〔区・市・町・村名〕

この申込書は書店経由用です。ご自宅への直送は前金で送料一回分310円です

鬼の面(ハチブラー) 張子／H:200 W:170（＊日本玩具博物館）

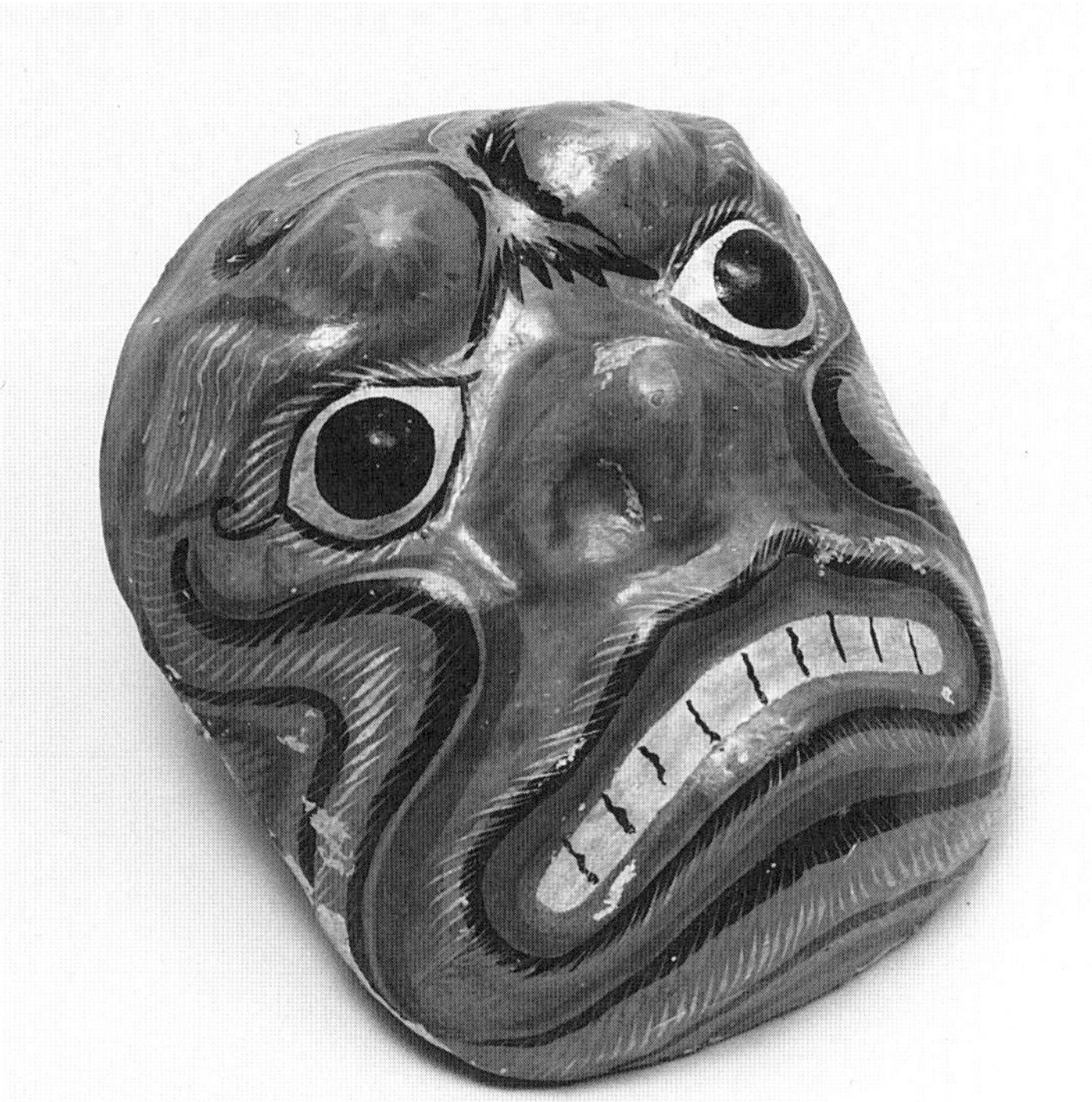

鶏 張子／H:210 W:190（＊日本玩具博物館）

鳩(ホートゥグヮー) 張子／H:130 W:140（＊沖縄文庫）

蛙　アダンの葉／L:85 W:125（＊沖縄文庫）

櫂(イエーク)

木製/L:197 W:38(＊日本玩具博物館)

小袋 糸と布／L:90 W:110（＊沖縄文庫）

家 土製／H:105 W:65（＊沖縄文庫）

Ⅳ　ヤマトに沖縄の伝統文化を育てる

〈座談〉金城馨・仲村昇・〈聞き手〉西浦宏己

――金城さんは最近忙しそうですね。なかなかつかまらない（笑）。

金城　いやァ、このところ会社の残業も多いし、休みの日は何か行事がないかぎり、たいてい誰かと朝方まで飲んでいて、電話をかけてもらっても最低二〇回くらい鳴らんと出ませんよ。

――今日は二日酔いとか……。

金城　いや、だいじょうぶです。今日は冴えています（笑）。

――それでは、今日はよろしくお願いします。仲村さんとは今日が初対面ですが、以前から金城さんにいろいろと聞いていますし、今日は子どもの会の活動や、仲村さんが子どものころの遊びの体験などを聞かせてもらおうと思っています。

沖縄文庫と琉球玩具

――金城さん、沖縄文庫に、関久子さんから尾崎コレクションの琉球玩具を寄贈されましたが、それをこれからどういう形で生かしてゆくか、そのあたりをちょっと……。

金城　うん、そうね。沖縄のああいう形の古い玩具は多くの人が持っていたわけではなくて、ごくかぎられた人たちだったと思うね。手にとって遊べるもんもあるし、飾るだけのもんもあって、玩具の一つ一つの機能があるから一概にいえないけれど、あれをずらーっと並べてみた時に、沖縄の文化の一面が持つ厚みというか層の深さというものを強烈に感じたね。

沖縄の七〇代や八〇代の一世たちが玩具や遊びを通して、自分たちが子どもだった時代のなかで、二世、三世たちに語りかけられるような形で生かされたらと思っていて。その点、いまはまだ十分に生かされた形になっていないけど……。

仲村　ぼくもああした玩具はそんなにみたことがないですね。ぼくが生まれた名護でも沖縄県内でも、ほとんどみたことがありません。爪とかアダン葉を使ったものは知ってます。小さい時に上級生といっしょに作ったのは、葉っぱ細工が多かったですね。

——何年くらい前でしたか、沖縄会館で尾崎コレクションを展示したことがあったでしょ。金城実さんの土遊びもやりましたね。

金城　あァ、関さんから贈られたすぐ後だったね。八七年じゃないかな。

——あの時の展示の仕方はよかったですね。身近でみれたし、テーブルの上にずらっと並べて。手に触れるようなところに展示されてね。博物館のように、がっちりとした陳列ケースでガラス越しにみるよりずっといい。もっとも張子のようなもんは触わると傷むというのがあるけど。親子づれで、みんな何回も行った

琉球玩具（尾崎コレクション）の展示会（1987年、大阪・沖縄会館）

り来たりしてみてた。子どもよりお母さんの方が真剣な目つきをして熱心にみてたね。よほど珍しかったのかな。世代でいえば二世くらいよね。おそらく自分たちの記憶のなかにはない世代だと思うね。

金城　仲村さん、覚えてますか。ガジュマルの会の主催でやった集まり。確か、ソテツの葉を使った虫カゴとか凧を作ったりしたな、沖縄のむかし遊びとかで……。

仲村　うん、ぼくはあの時、確か材料は手配したけど、当日は何かあって行けなかったと思うよ。

金城　沖縄文庫には広いスペースもないし、文庫そのものが組織や力があるわけではない。沖縄会館でやったように、あっちこっちで展示するなかで、玩具を通して沖縄の文化を伝え理解してもらうという活動を、もっとやるべきだと思ってる。

ソテツの虫カゴを作る子どもたち（1987年、大阪・沖縄会館）

仲村　そうね。あの玩具を通して、一世たちの思いや生活の背景が伝わればいちばんいいね。一見して沖縄の素朴さや温かさや情の深さのようなものが玩具にもあらわれているしね。

むかし遊びは、草や木など、自然の素材が使われているでしょ。アダンとかソテツを使ったものはきれいですよ。凧もいい。馬とか牛とか、お面とか、かつて生活のなかにあったものを子どもたちに触れさせてやりたいし、作らせたいですね。ただ、本とか資料がぜんぜんないんですよ。

――そうですね。玩具そのものが沖縄にほとんど残っていない上に、資料もないんですよね。そういう意味でも尾崎コレクションを大切にしたいですね。ただ、保管する方はたいへんですけどね。

金城　そう、そこが問題でね。その種のものは置いておくだけで傷みますからね。友だちが沖縄の博物館に持っていった方がいいよといったことがあるが、ぼくもケースのなかにきっちりと収めたくないというのがあってね。

世代をこえた交流を

――ところで、沖縄文庫はいつどういうことで作ったんですか。金城さんとの付き合いも長いけど、その辺を改めて聞いたことがなかった。

金城　いや、それを話すとなると長くなる(笑)。ずっと過去にさかのぼらないと。ここに作ったのは八年前かな、一九八五年だから。この辺(大阪市大正区南恩加島)には仲間も多いし。

この家はもともとキリスト教団の教会だったもので、宣教師が自宅と兼用にしてたけど、他所に移っていったんで、ヤマトの理解者たちからも借金して、買い取ってはじめたんやけどね。文庫という形にしたんは、ぼくが高校時代から集めていた沖縄関係の本を中心に、とりあえず本から沖縄を知ってもらおうと思ってね。人に集まってもらうのが一番の目的やったから。

――出会いの場というのかな。

金城　うん、沖縄の人間が、年寄りも子どもも気持ちを話し合える場にしたいというか。かといって何も本だけにかぎらない。音、物、人によって沖縄を感じ合える場としてね。

ただ、そうはいっても、人が集まれば集まるほど、それぞれの考え方の違いが出てくるやろうけど、違って当り前で、出会って話すことによって違いを認め合いながら、どこか共通点をみつけて繋《つな》がる切っ掛けを持ち合うとか。何よりも沖縄に触れることが大切やと。そういう意味で年寄りから子どもまで交り合えるような、それでそのなかで本人が自分のなかで自由に変わってゆくのがいいんじゃないかと思って、文庫という形にしたんだけど。

だいたい、一世と二世、二世と三世と考え方も生活の仕方も違うからね。年寄りの強い思いがあって、子どもたちはその辺から離れようとする。たいてい、入口のところで離れてしまうのが多いよ。

沖縄とヤマトの狭間で

――それは金城さん自身の体験から？
金城　そう、親との関係。親自身がふだんヤマトのなかで萎縮《いしゅく》していて、沖縄をうまく出し切れなかったところがあったから。親の時代は、ヤマトのなかで沖縄をもろに出すと白い目でみられる。だから酒飲んで暴れる。自分のいら立ちを自分で解決できない。親父としてはそれしかできない背景があった。そうじゃなくて、もっと何か方法があるんじゃないか、何かまちがっているんじゃないかと思ったね。

沖縄がうまく表現できないんなら、次に何か具体的な方向へ持ってゆかなくては、たんなる逆恨みとしかとれないわけ。悔しさだけで終ってしまうとか。自分の頭だけで考えていたんでは変わらない。仕舞い込んでいた部分がいっぱいあったからね。となると、いろんなものが出入りし、いろんな出会いから、いろんなものを吸収して、それをまた、外に出さないと意味がないんよね。

ぼくらの親が生きてきた時代というのはたいへんだったと思うよ。何しろ言葉も習慣もがらっと違ったヤマトで暮らすのはね。当時はヤマトで沖縄といえば差別がストレートに出たから、親父たちの表現の仕方はどうしても屈折してるよね。

―― そうね。そのころは、〃沖縄人・朝鮮人お断り〃という貼り紙のある店があったという時代だったようだし。それに、お父さんの世代は不器用な人が多かったよね、表現の仕方という点では。

エイサーの衣装をつけた金城　馨（きんじょう　かおる）さん。1953年、沖縄県コザ（現沖縄市）生まれ。ガジュマルの会会員。1985年、「沖縄文庫」を設立し、関西在住の沖縄県人の交流と文化活動の場として開放。沖縄問題を広くとらえ、みずからもエイサーをよくし、後進の育成にもつとめている。大阪市大正区在住。

金城　うん、だから一世たちがやってきたのは、部屋のなかで酒飲んでサンシン（沖縄三味線）弾いてという……。それだけでは次の世代を引き入れられないよ。

それじゃ、沖縄を表に出せる方法は何か。みんなが自由に表現できて、〝この人、何を考えてるんや〟という人がいてもいいという、そういうことが一番大きいんですよ。いまはそれができる時代だということもあるけど。

――　そうね。お父さんたちの時代というのは、ぼくたちが想像する以上にヤマトが異文化を排斥していた時代よね。沖縄もそうだけど、北のアイヌもそうだし、朝鮮、中国、東南アジアと、とどまるところ知らずといった感じで、ヤマトに同化させる政策が進められていたから、一般の人間も、それが良しという気持ちを持っていたと思うね。そういう意味では、一世の人たちは不幸な時代を生きてきた……。

金城さん自身は、そうすると二世になるの？

金城　うん、親父は大阪で生まれた二世で、お袋は戦前に紡績工で大阪に出てきた一世だから、ぼくは二世半ってことになるのかな。

――　あァ、そうか。二世半の金城さんとしては、これまで自分のなかでどんな葛藤があった？　これまでずっとヤマトのなかで暮らしてきて、むしろ沖縄に強いあこがれを持つとか、逆に沖縄のここだけは否定したいとか。

ぼくは大阪生まれの大阪育ちで、いわゆる生粋の〝浪速っ子〟といわれる部類に入るんだけど、もちろん大阪が肌に合う面は多いけど、ここは嫌だなァと思うことも多くて、若い時はもう心底、なんでこんな大阪に生まれたんやろうと思うことがあった。だけど同じヤマトのなかのヤマトンチュ（大和人＝内地人）だから、よほどのことがないかぎり、いじめられることもなかったし、ましてや差別されることもなかった。

金城さんは、若いころにはヤマトと沖縄に関してどんな意識を持ってた？

沖縄の子どもの遊びという本来のテーマからちょっと離れるけど、沖縄の文化の一面というか、ヤマトと沖縄の関係を知る意味で大切なところなんで、あえて聞かせてもらえたらと思うけど。

自分を探して沖縄へ

金城　高校を出たころはまだ自分の生き方がはっきりしていなかったし、

自分が沖縄をどういう風に考えてゆくかで、一番揺れていた時期。やっぱり沖縄から逃げようとしていたが逃げ切れなかった。ちょうどそんな時期に、沖縄の人間が多い関西で、沖縄の問題に取り組んでいる青年たちの集まりがあるというのを知って、そのメンバーたちとの出会いが自分と沖縄を考え直す切っ掛けになったんやね。

その青年たちは差別問題を考えてゆくなかで、住宅や環境などの点で沖縄の人間がとくに劣悪な状況にあるのを問題にしていて、その活動の一つとして市から立ち退きを迫られている沖縄の〝おばあ〟の支援をしていたわけ。そりゃ逞しいおばあでねェ。沖縄の物産の行商をやってた。やっぱり大阪に紡績工でやってきて、そのまま北恩加（大正区北恩加島）に小屋建てて住み着いてしまったんやけど、小学校も行ってないし、貧しいなかで心が豊かで、なんでこんなすごいエネルギーを持ってんのか、自分の持ってる沖縄と違うもんを持ってるし、何よりも沖縄から逃げていない。

戦争で亡くなった身内のこともあって、戦争に対して怒りをはっきりと出していた。すごい迫力というか、おばあそのものが沖縄やね。おばあにくっついていると沖縄にどっぷりと浸る。離れると自分が沖縄を裏切るというのか、親を裏切るような感じになる。それで、おばあの行商の手伝いをしたいという気になってね。

――そのおばあに、自分の親にないものがあった。

金城　そう、親父は負けていた。どうしていいかわからない。お袋もそんな親父との生活のなかでいかに子どもを育てるかということがあって、やっぱり沖縄を出さない。出したらヤマトで生活ができない。おばあにはそんな親たちに感じないものがあった。正直な生き方というのか。

おばあに会ってから、自分のなかにある沖縄の概念がガラガラと崩れたね。行商を手伝っていて、沖縄に無性に行ってみたくなって、沖縄のなかで自分を確かめたい、探したいと、とうとう出かけていった。二カ月間かな、あっちこっち歩きまわってね。

米軍の基地から受けるもの、沖縄の生活感覚、ドル、コーラ、まったく違う消費生活。本島の那覇はこっちとあんまり変わらんわな。都会化していてそんなに沖縄を感じなかったけど、まず頭から沖縄を知ろうと、しばらく図書館通いしてね。八重山（石垣島）、竹富島は文化のすごさを感じた。沖縄の文化の原点があるようですごいショックだった。おっ、これが沖縄かと。これが沖縄と感じたものを持って帰ってきた。

――そう、ぼくもはじめて行ったのが、沖縄でも最果ての与那国島。本島を通り越していきなり与那国島へ行ったんだけど、日ごろの生活とあまりにも違った文化というのか、これこそ人間の本来の生き方というのがあって、すごいカルチュアショックを受けてね。

同じ日本でも風景も人も言葉も違う。島の人同士がしゃべっている言葉を聞いても一言もわからないという。こっちをみて何か笑いながら話しているんだけど、何もわからない。たぶん悪口を言われているのではないかと(笑)。

時間もゆったりと流れているという感じでね。それにお年寄りと小さい子どもがみんないい表情をしている。きっとみんなに大切にされているんよね、そんな顔つき。逞しくてどうどうとしていて一種独特の風格がある。

与那国島の子どもたちとジャンク(唐船)の模型(1978年)

最近は都会の人で風格のある人は少なくなっているよね。金をもった者の、また別の風格というのはあるけど、でっぷりとして脂ぎって……（笑）。

それで、金城さんは沖縄に行ったことで何かふっ切れたところがあった？

金城　うーん。ぼくは沖縄でね、自分がどうみられているか不安なところがあった。それで、那覇の公設市場（平和通り）で物を売っているおばあやおかあに、自分がウチナンチュにみえるかどうか、聞いて歩いたんよ。自分の風体もおかしかったし、髪は長いし、破れたジーパンはいてヒッピーまがいだったけどね。

「あんた、ヤマト、ヤマト」という人と、「あんた、顔見たらわかるよ、ウチナンチュよ」という人と、五分五分だったな。ヤマトという人は、たぶんぼくが大阪弁しゃべったからかも知れんけど……。

結局のところ、これは自分の問題で気にすることない。まわりがどうこうみるもんでもない。みかけではなくて、自分が沖縄を持ってどう生きるかにかかわるものという結論に達したわけ。つまり、さっき西浦さんがいった言葉の問題もあるよね。ウチナーグチ（沖縄語）をしゃべるからウチナンチュなのか、じゃ、しゃべれなかったらどうなのか。沖縄での生活経験とか、生まれた所なんかが基準としてあるのか。

自分自身のなかにウチナンチュだという気持ちがあればそれでいい、ということにいたって気持ちがすぅーと落ち着いたね。

――つまり、アイデンティティの問題よね。そのことがあって、何か次の新しい進展はあった？

エイサーとの出会い

金城　沖縄から大阪に帰って、ちょうどそのころ「ガジュマルの会」が結成されるなかで、とくにエイサー*を通して、沖縄を表現できたり、あるいは吸収できたということが自分にとって大きかったね。

＊エイサー　沖縄の伝統的な旧盆（旧暦七月一五日）の踊りで、若者たちが太鼓を打ち、サンシンと唄のリズムに合わせて豪快に舞いながら家々を訪ね歩く。この時期になると、本場の沖縄だけでなく、各地の沖縄県人が芸能まつりとしてエイサー大会を盛大に開いている。

言葉でない表現というのか、体で表現するというのか、祭りという形で沖縄を全面に出してしまう。みんなが沖縄を見れる状態にしてしまう。これは自分に自信がつくね。すごいエネルギーがいるけど爽快やね。自分たちの生き方をみつける切っ掛けになるというのか、アイデンティティ、民族性を主張できる。それがいいね。

――その「ガジュマルの会」はいつごろ、どういうことで結成されたんだった？

金城　結成は七五年一月で、「関西沖縄青年のつどい――ガジュマルの会」が正式の名称。ちょっと長いけどね。一世たちが中心で二世がサポートしたんよね。

当時のヤマトの沖縄の青年たちが、そう、とくに関西に集団就職でやってきたものが、ゆっくりしたペースや考え方や言葉なんかで、ヤマトという異文化のなかでなかなか理解されない

ガジュマルの会によるエイサー

状態だった。犯罪とか自殺とかいう形で噴出したころで、自分たちはどうしたらいいのか、何をせなあかんのかということで、まず集まって話し合って、ハイキングとかからはじめて、それが会の結成につながっていってね。

――いま、会員数はどれくらい？

金城　これを聞かれると一番困る（笑）。会費を払っているのが会員というなら、五〇人くらいかな。参加している人はそれよりずっと多いけど。いまの若い人はどうしても組織嫌いが多くて……。

――じゃ、活動としては、いまはエイサーが中心になっているの？　他にどんなことをやってる？

金城　基本的にはエイサーが会の大切な位置づけになっていて、後はハイキングなんかをときどきする程度かな。エイサーはやっぱりたいへんなんよね。練習は年中続けないとあかん。そうしないと足が上がらない（笑）。体が動かないんよね。

来年で結成二〇周年になるんで、何か大きな記念行事をいま考えているんだけど。

沖縄子どもの会

――今日は金城さんの生き方にかかわるところをずいぶん聞いてしまったけど……、仲村さんがいまやっておられる子どもの会は、ガジュマルの会とはどんな関係になるんですか。

仲村　あァ、まったく別組織でしてね。しかし、ガジュマルの会がなかったら、子どもの会もできてなかったかも知れませんね。お互いに支え合っているところがあるし。

金城　子どもの会は仲村さんが作ってね。この人、大正区にやってくるまでは、自分のもっていた沖縄と、ここの沖縄がだいぶ違うのに驚いてたね。それでもヤマトの沖縄にどんどん入ってきた。それだけ吸収して入ることのできる珍しいタイプ（笑）。結成までこぎつけたのは、この人のキャラクターがあったからですよ。切っ掛けはごく単純だけど（笑）。

仲村　いゃね、最初は地域の勉強嫌いの子の親から、子どもを教えてくれというところからはじまったんですよ。ゴンタ（大阪弁で暴れん坊）連中が多くて、もう暴れまわって手の付けようがない。少年野球や塾に入れるが、

「先生、もう体が持たんわ」といってね。親に叱られてパンツ一つで家を飛び出して、親が後を追いかけて……（笑）。

こちらも何とかしょうという時期だったので、もう一人、大正区生まれの金城良明先生と話して学習会でもしょうかということになった。隣りの家が二階を提供するというんで、それで学習会をするようになったんですよ。それがそもそものはじまりですね。

―― 仲村先生はいま、どこで教えられてるんですか。

仲村 いまは隣りの港区にある田中小学校で学級担任を持ってましてね。もうここで六年になります。その前の北恩加島は七年いました。ずっと小学校です。

―― 子ども会の名称は何というんですか。

仲村 「大阪・大正沖縄子供の会」というんです。できたのが七八年の四月ですから、ガジュマルの会が発足して三年ぐらい後ですね。はじめは小学校三年から中学三年までの一五名でスタートしました。

だいたい、この地域は子どもの勉強よりも、生活の方がたいへんでしてね。仕事を転々と変わる人が多いし、生活環境と沖縄がダブっています。最初は学習会ということでやってましたけれど、なかなかうまく行かず、

カンカラ・サンシンを手にする仲村昇（なかむら　のぼる）さん。1947年、沖縄県名護市生まれ。大阪市立田中小学校教諭。1978年、「大阪・大正沖縄子供の会」を結成し、大正区内の沖縄の子どもたちの学習指導とサンシン（沖縄三味線）などの伝統文化の継承に力を入れている。大阪市大正区在住。

そのうちにただ勉強をみてやるということでなしに、何か沖縄を理解するようなことをやって、沖縄にもヤマトに負けないこんな立派な文化があるんだと、子どもたちに自信と誇りを持たせてゆく方が大切じゃないかと思ったんです。それで、学習会のあとでサンシンをやりはじめましてね。わたしが沖縄の唄やサンシンが好きだったこともあるし、サンシンが一番沖縄の生活に根付いているということがあって……。で、手はじめにこの辺の飲み屋からサンシンを借りてきて、それを修理してぼつぼつ練習をはじめましたよ。

——それで子どもたちの反応はどうでしたか。

仲村　すぐに唄わせずに、まず音だけ出して楽しむところからはじめたんですが、とにかく長くじっとしておれないんですね。子どもたちは早くて二〜三カ月でやっと一曲覚えるという具合でした。一二月のクリスマス会で、親たちの前でやったら、そりゃァ、びっくりしましてね。親たちもこちらで生まれ育った二世が多いから、ほとんどサンシンは弾けないんですよ。沖縄を抑えていた人たちだから無理もないんですが、そんな親たちですから、子どもたちに沖縄のことをやらせるといってたらたぶん寄こさなかったけれど、学習会だというんでね……。

一番盛り上がったのは、その翌年の敬老の日に、県人会のお年寄りを集めてやった時でした。民謡やわらべ唄を合唱したりサンシンを弾いたりしたら、みんなうつ向いて涙を流してましたよ。この地域で子どもたちがサンシンを弾いたのははじめてだったし、しーんとなってね。子どもたちの方がそれをみてびっくりして。それからですよ、子どもたちが真剣に練習するようになったのは。

――それに親たちも影響されたということはありましたか。

仲村　サンシンとまではゆきませんが、家のなかで、子どもたちと沖縄の話をするようになったようですね。金城さんも話したように、何しろ、親たちやじいちゃん、ばあちゃんたちは沖縄を出せば出すほど不利益をこうむった時代を生きてきた人たちですからね。もう、沖縄というだけで差別された時代だったですから。子どもが聞くと、親たちは堰切ったように話をするようになる。おばあちゃんが練習をみにくる。練習を休もうとすると、おばあちゃんが休んだらあかんよといったりして（笑）。

もうこのころは、学習会は平尾の沖縄会館に移ってましたね。あのころが一番盛り上がったのと違うかな、あの建物もよかったし……。

金城　ちょっと傾きかけて、さびれた感じがあったけど、なんか馴染みやすくてね。ある種の安心感があった。何でもかでもきれいになったらいいのでもないね。

仲村　それでサンシンをやってるうちにガジュマルの会ともつながりができて、子ども会とガジュマルの会がいっしょにエイサーをやったり行事をやるようになった。サンシンをやり出してからは、学習会は宿題をみてやる程度になって、だんだんサンシンの方が主流になってきましたよ(笑)。そのなかで沖縄の民話や歴史の話なんかもやるにはやりました。

それでも、サンシンもエイサーも、はじめはみんな嫌がってましたよ。テレビなんかのマスコミが取り上げるようになって、学校で冷やかされる

エイサーの練習風景（大阪城公園）

んですよ。「お前、変な唄、唄ってたなァ」ってね。エイサーを学校のそばにある公園でやるんで、当日の朝まで嫌がってましたよ。親の方が衣装を作ったり準備を手伝ったりしてはりきってますけど、子どもたちは次の日に学校でまた冷やかされるといってね。ふだん見馴れないんで奇妙に映るらしいんですよ。

それが、いまは、もう「いつでも踊ったるでェ」という風になってますけど(笑)。はじめの内はそんなだったですよ。

沖縄里帰り公演

――その子どもたちが、サンシンを持って沖縄に里帰り公演をしたと聞きましたが。

仲村　そうなんですよ。あれは八〇年でしたか。夏休みを利用して一週

自作のサンシンを弾いて遊ぶ沖縄の子ども（沖縄・首里）

間ほど沖縄に出かけてゆきました。みんなのおじいちゃんやおばあちゃんの故郷だし、親戚のあるところですよね。資金づくりに、みんなで古新聞や雑誌の回収をしましてね。

沖縄では、小学校や地域の子ども会でサンシンを演奏し、わらべ唄などを唄って、その後で自分たちの日頃の生活や親のことや学校のことを話しました。沖縄の子どもたちは基地や戦争のことを話して、お互いに知らない部分を話し合って、いい交流ができました。

新聞などでも、大阪からこんな子どもたちがやってきたとたくさん取り上げてくれてたいへんな反響でした。何よりも、沖縄の人たちが、子どもたちにもっと沖縄のことを教えないといけないといってくれましたね。

―― 沖縄文化の逆輸入ですね。子どもたちにはいい体験になったし、いい励みにもなったでしょ。

ところで、さっき、学校で冷やかされるということでしたが、いま、大正区の小学校で、ウチナンチュとヤマトンチュの割合はどうなんですか。

仲村 北恩加島で三分の一くらいが沖縄ですね。いや、一番多いところで四〇名近いなかで一〇名くらいかな。

―― そうすると、やっぱり少数派になりますね。大正区全体ではどうですか。

金城　いま大正区の人口が八万で、そのなかで三万人くらいがウチナンチュじゃないかな。公的には二万人くらいになってるけどね。母親が沖縄で父親がヤマトの場合は、名前だけではわからないもんね。そんな人も入れると三万人はいると思うけど。

仲村　学校のなかでも、ふだんは仲間として遊んでなくても、誰かがいじめられたりすると結束するようですね。

——学校の親たちはどうですか。

仲村　家庭訪問するとすぐにわかりますね。沖縄のこととなると飛びつく親と引く親がいますよ。乗る方は子どもの話そっちのけで、沖縄の話になりますね。ふだん教師を煙たがるお父さんが、いつになく早く仕事を切り上げて帰ってきて待ってるのもいますし。お母さんがいつもこんなだったらいいのにと笑ってるんですよ。まァ、わたしと同じくらいの年ということもありますがね。

金城　仲村さんは、学校で勉強教えてなかったんじゃないかな。沖縄の話ばかりで(笑)。いや、この人は思想、信条の違った親とも会話のできるタイプでね。どんな人とも話ができるし、安心できるんやね。「先生、まかせるわ」ってね（笑）。

仲村　いやね、学校や子ども会の親たちの生きざまを通して、地域の問題点をみながらいろんなことをやってゆくのが一番いいんですが、こっちもよほどの気持ちのゆとりがないとね。

——仲村さんは、沖縄からいつ大阪に来られたんですか。

仲村　七二年です。両親は共にウチナンチュですよ。家《うち》のつれ合いさんも具志川（沖縄県）出身で、琉球大学でいっしょだったんです。琉大出てからこっちへきて教師になって。

——えっ、ぼくの姪も琉大出たんですよ。海洋学をやりたいといって大阪からいきなり沖縄へ行ってしまって。結局、沖縄の男性といっしょになって、いま首里に住んでいて、子どもが三人います。はじめは沖縄の生活にぜんぜん馴染めないといってブツクサいってましたが、いまじゃすっかり根付いてしまって。近ごろは親元にもあまり帰ってこない……。

そういえば、最近、子どもたちが父親に手伝ってもらって作ったサンシンをしきりと弾いて遊んでいましたね。お母ちゃんはさっそく、楽譜を買ってきたりして。このお父ちゃんというのが、もともとオーディオの専門家なんですが、いま、沖縄のりんけんバンドのミキシングをやっていて、やっぱり子どもたちも音にうるさくて、サンシンなんかもごく自然にね。

カンカラ・サンシン

金城　カンカラ・サンシンには沖縄の人は戦後の苦い思い出があるし、だから逆に思い入れもあるよね。こういう発想で作ること自体がおもしろいよ（仲村さんが持ってきた空き缶を利用したサンシンをみて……）。

仲村　このカンカラ・サンシンは小学校の生徒たちに作らせたもんなんです。むかしはこれからはじまったと話してね。沖縄の人は手作りでサンシンを作って、自分の思いを唄に託しましたよ。戦後の何もない時、収容所で米軍物資の缶を使って、棒っ切れをつけて作ったといいます。わたしも小さい時は、大人のエイサーをみてサンシンを作って、弾きまねしてよく唄ったもんです。わたしが本格的にサンシンをやりはじめたのは、大学に入ってからですがね。

子ども会でも、親に手伝ってもらって作りましたよ。近所の喫茶店をまわって、ケチャップの空き缶をもらってきてね。そのころ「カンカラ・サンシン」という反戦映画があって話題になりましたが、ＮＨＫがサンシンを作ってるというのを知って、取材に来たりしました。缶を切って穴をあけるのがたいへんで、厚みも微妙なもんだし、けっこうむずかしいですよ。子どもたちは、これを四～五時間で作って、手伝う大人たちはビールを飲みながら（笑）。

その後、それを兵庫の県人会の敬老会に持っていって、みんなで弾きました。子どもたちは、その素朴さからいろんなものを感じとるようですね。

―― ところで、仲村さんの世代は、小さい時にどんな遊びをしましたか。沖縄の遊びは自然の草木を使ったものが多いでしょ？

仲村 わたしは名護（沖縄県）のヤンバル（山原）の方ですから、山とか海でそだってるでしょ。だから、そういう自然の遊びはいろいろやってますよ。

おもしろいのは、池田市（大阪府）の同和教育研究会で話した時にね、台風は恐ろしいという話が出たんですが、沖縄では、台風の時期は子どもが一年で一番楽しい時なんですよ。学校が休みになるということもありますが、台風が去った後、バナナとかグワバとかの落ちた木の実を拾うんです。落ちたものは誰のものでもないんですよ。それとか、台風の余波の海岸で風車を作って遊ぶんです。アダンの葉や紙で五つも六つも作って立てて。

強くまわるんですよ。それで子ども同士で勝負するんです。

自然の厳しさはたいへんですが、それを克服して楽しむということを覚える。静かな海よりも荒れた海の方が、子どもにとってはおもしろいですもんね。大きな貝殻なんかも打ち上げられるし、その貝殻でまたいろんな遊びをするんです。まさにおもちゃは、そんなところから生まれてくると思いますね。

竹ひごで作った虫カゴとか、メジロを取るパッタイクー（仕掛け）を仕掛けて、学校から帰るのが楽しかったですよ。メジロが入ってるかどうかね。とにかくよく遊びましたね。それがいま、教育の現場でみんな生きています。小さい時に自然のなかで学んだことがね。素朴なおもちゃはふだんの生活のなかから出てくるものですね。

いま、教育の現場で

――何でも機械化され、合理化されるいま、そういう素朴なものがもっと見直されないといけませんね。今度の本もそういう願いをこめて出版するんですが。まず、この時代の大人が子どもに何をしてやれるか、しないといけないかが問題ですね。

仲村 そう、いまの子どもの弱い部分を克服できるものとして、大人はふだんの生活のなかでできるだけそういう素朴なもの、本来子どもが持っている純粋な心に訴えかけるものを体験させてやらないといけませんよ。最近一、二年の理科と社会が生活科に替わって、物を作るという生産的なものになりましたよ。二年前からですね。野菜づくりでも何でも、自然のなかで生産するということが、いまの子どもたちに必要です。自立して生きてゆく力をつけるためにもね。

図画や工作のなかに、沖縄の遊びとかおもちゃとかをどんどん入れてやれたらと思っていますよ。すぐにはできないかも知れませんが。沖縄本島でも、土着的なむかしからの生活のなかで楽しんできたものを、学校の教育のなかで取り入れているところはあまり聞かないですね。

―― 首里の外原淳さんは、沖縄中のむかし遊びを調べ歩いて、自力で復元していますが、保育園とか学校によく呼ばれて講習に行くと聞きました。将来は沖縄に玩具博物館のようなものを作って、おじいちゃんおばあちゃんにも来てもらって、むかし遊びやおもちゃの作り方なんかを教えてもらえたらとしきりといってましたね。沖縄の人もいま、けっこう危機感を持っていますよ。

こちらでも、大正区内にそういう沖縄の資料館的なものがあったらいいと思うけど、金城さんたちの方で、何かそういう計画はある？

金城　うーん、そうね。そういうスペースがあればいろんなものをいっしょにして、沖縄で実際に使った民具なんかも並べてね。機能と組織性があればぼくもやるべきだと思うし、沖縄の生活というものが形というか空間としてあった方がより文化を伝えやすいし、理解しやすいよね。沖縄文化会館という種類のものとか。個人的には沖縄文庫はそういう目的でスタートさせたんやけど、なかなかむずかしいところもあってね。将来的にはそういう形になればと思っている。

沖縄の文化を次の世代に伝え、それを維持するためにも、自分たちの文化を継承する動きを地道にやってゆくしかしょうがないね。そのなかでまた、新しい発想が生まれてくるかも知れない。その点、関西はすごみというか、厚みというのがあって、希望は持てる。けど、しんどさもある（笑）。

まァ、なかなか結論は出ないけど、まず自分たちの足跡を残してゆくことをやるべきやと思うね。

仲村　そう、わたしも子どもを教える立場として、そこに行けばむかし遊びとか、沖縄の生活具とか、いろんな資料がそろっているというようなもの、それも身近にあっていつでも利用できる資料館のようなもんが欲しいね。

まァ、あせらず、それこそ〝沖縄タイム〟でゆっくりと考えてゆけばいいですよ。

金城　沖縄にはテイゲー（大概＝ほどほど）という言葉もあるし……。

――そうね、ヤマトに何かいい形で沖縄の文化が根付くように、みんなでじっくりと考えて行きましょうか。

このあと、仲村さんがカンカラ・サンシンを早弾きし、沖縄民謡（カチャーシ）を唄いはじめると、金城さんも手拍子をとって唄い出しました。

ウチナンチュが内から湧き上がる熱い思いを、すぐにサンシンや唄のリズムに乗せるのは、いまもむかしも変わらないようです。

唐船《とうせん》ドーイさんてぇまん
一散走《は》えーならんしや
　ユーイヤナ
若狭町村《まちむら》ぬ
瀬名波ぬタンメー
ハイヤセンスル
　ユーイヤナ
（唐船ドーイ唄）

〈一九九三年一二月・大阪市大正区、沖縄文庫にて〉

あとがき

「近ごろの子どもは、自分で工夫して何かを作ることをしなくなった」とよくいわれます。

いまは、自分の好きなおもちゃや遊び道具が、お金さえ出せば何でも手に入る時代です。とくに、テレビ・アニメのキャラクターグッズやファミコンのバトルゲームなど、商業主義にのった全国画一の遊具が主流になっています。それらには、子どもたちへの情操的、健康面への配慮が大きく欠けています。ましてや、子どもの無病息災や成長願いという玩具の縁起ものとしての部分はどこにもみあたりません。いや、むしろ、健康を害する類の遊びに子どもたちが目の色を変えて夢中になっているのが現状でしょう。ただ、あまり子どものためになるという、大人の側の一方的な選択もどうかと思いますが……。

それにしても、今日の子どもたちの遊びがますますインドア化しているのに、ある種の危惧を感じないではいられない。

しかしその一方で、現代の子どもたちの遊びの実情を憂慮する心ある人たちによって、かつての伝統的な玩具の素朴さや楽しさが見直されて復元されたり、ハイテクには縁遠い木や紙や土などの素材を生かした手づくり創作物が出まわるようになったことに、ほっとさせられます。経済優先の暮らしに陰りがみえ、これまでの物質中心主義への反省から、いま、わたしたちの先人が育んできた精神面を重視した伝統技術と生活の知恵を、もう一度見直そうという風潮がみえはじめているのは喜ばしいことです。それは、とりもなおさず地球上のかぎりある自然資源を無駄使いしないことにつながるのですから。

○

わたしは、この二〇年ほど、日本のなかで民族的少数派であるために生活上のさまざまな問題を抱えてきた、ウチナンチュ（沖縄人）と北海道のアイヌ民族の生きざまとその文化にこだわり続けてきました。そして、その過程で、幸運にも、わたしが住む大阪でまとまった量の琉球玩具に出会い、沖縄の伝統工芸の世界と、昔日の子どもたちの日常生活の一端に接することができました。

しかし、それらのほとんどが、年月を経た傷みが日々進行しているために、わたしはまず、その一点一点を写真に記録してゆくことからはじめました。

もとより、わたしは〝玩具の道〟の専門家ではありませんが、この世界を知れば知るほどに興味が増してゆき、さらなる情熱をかきたてられました。

そこでわたしは、これらの玩具や遊びの背景にあるかつての人々の暮らしをあらためて調べ、現在の沖縄の玩具事情をも知るために沖縄にたびたび足を運びました。

嬉しいことには、沖縄の伝統的な玩具や遊びの調査と採集、そして保存と復元、伝承という途方もなく根気の要る作業を、こつこつと進めている人たちが思いのほかたくさんいたことでした。そして、わたしはその人たちの郷土文化によせる熱い想いに触れるたびに、自分の仕事の重大さと責任を痛感させせられました。

ただ残念なのは、日本の長い戦争の時期が人びとの気持ちを荒ませ、子どもたちにむかし遊びを教えたり、玩具を伝承してゆくことに気配りするゆとりがなかったためか、ちょうど、一世代ぶんほどの年月の空白ができてしまったことです。聞き取りや採集に力を入れている人たちの困難さが想像できます。

そんなことを考えると、戦争は、物質的な破壊だけでなく、先人たちが営々と育んできた精神文化の伝承をも停滞させる怖さをもっていることを知ります。

わたしが一時的にせよ、伝統玩具の世界に没頭できるのも、少なくともいま、平和な時代だからこそと実感せざるを得ません。

もし、機会があれば、この次は沖縄戦の戦火を幸いにも免れた小さな離島を巡り、古い玩具やむかし遊びを探求してみたいと思っています。

○

監修をしていただいた関久子さんには、この本を出版する切っ掛けを作ってくださったばかりでなく、終始、実りある助言と励ましの言葉をいただきました。現在、九三歳という高齢のために、お体の方はいくぶんご不自由のようですが、今後もまだまだ教えを乞いたい大先輩です。

こちらの一方的な都合でお訪ねしたにもかかわらず、貴重な時間を割いてご協力くださった古倉保文・保昭氏、外原淳氏、西平守勝氏、沖縄文庫の金城馨氏、大阪・大正沖縄子供の会の仲村昇氏にはあらためて御礼申します。

また、訪沖の時には、いつも何かと気を配ってくれる首里の比屋根徹、芽久美夫妻にも感謝します。

本書の刊行に際しては新泉社の小汀代表をはじめ編集の竹内将彦氏、渡部耕太郎氏、装幀の勝木雄二氏に一方ならぬ厄介になりました。有難うございました。

大阪・上新田にて　一九九四年八月記

参考文献

『琉球玩具図譜』尾崎清次（笠原小児保健研究所）
『郷土玩具』山中登（誠文堂新光社）
『沖縄の民芸　玩具』永山絹枝（新星図書）
『星っころ』外原淳（工房星ッコロ）
『沖縄の凧』西平守栄（ひるぎ社）
『沖縄文化史辞典』（東京堂出版）
『浪花おもちゃ風土記』奥村寛純（村田書店）

取材協力

沖縄　古倉保文・保昭、外原淳、西平守勝、宮城孝子、金城信浩、沖縄県立博物館
大阪　金城馨、仲村昇、奥村寛純（伏偶舎郷土玩具資料館）
兵庫　井上重義（日本玩具博物館）、尾崎文恵
京都　京都府立総合資料館

著者紹介
西浦宏己　(にしうら　ひろき)

1935年大阪生まれ

フォト・ジャーナリスト

日本写真家協会、日本エッセイスト・クラブ、日本民族学会会員

著書　『沖縄・与那国島』(1979年 葦書房)
『アイヌ、いま。』(1984年 新泉社)
『おおさか、街・人。』(1990年 新泉社)
『大阪は水の都』(1994年 岩波書店)
『アイヌ、いまに生きる』(1997年 新泉社)
『父さんといっしょ、三兄弟』(2001年 パロル舎)

新装 琉球の玩具とむかし遊び

1994年12月 1 日　第 1 刷発行
2004年 4月20日　新装版第 1 刷発行

著者＝西浦宏己 (監修＝関　久子)

発行所＝株式会社　新泉社

東京都文京区本郷 2 − 5 −12
振替—00170—4—160936番
ＴＥＬ—03-3815-1662
ＦＡＸ—03-3815-1422
印刷—太平印刷社
製本—榎本製本
ISBN4-7877-0405-2 C1039

西浦宏己　写真と文
おおさか、街・人。
A5変型版上製　128頁　1700円

「大阪に町人の誇りを！」「街に風情を！」大阪に生まれ育った著者が、画一的な開発整備と機能至上主義の風潮で個性を失う大阪の街を歩き、市井の人びとや日常的な風景と対話することであらためて街のよさを探るフォト&エッセイ。こころなごむことができる写真集。

西浦宏己　写真と文
アイヌ、いま。
●北国の先住者たち
A5判　288頁　2200円

写真集『与那国島』がある著者は、琉球人とアイヌ（人間の意味）の容姿の相似に着目し、日本列島の各地にアイヌ語地名が残存することから、日本列島の先住者であったことを確認する。12万の文字と60葉の写真でとらえ、現代アイヌの風俗、生活、祭などを通し語りかける。

西浦宏己　写真と文
アイヌ、いまに生きる
A5判　254頁　2400円

「アイヌ文化振興法」が成立したが、アイヌ民族が強く求めていた「先住権」などの諸権利の保障は一切もりこまれていない。アイヌが生きやすい環境づくりをめざして活動している、北海道の二風谷と札幌、首都圏、京都に住んでいる6人にルポルタージュする。

仲程昌徳著
琉書探求
四六判上製　224頁　1800円

『沖縄近代詩史研究』（小社刊）で沖縄タイムス出版文化賞を受賞した著者が、沖縄出身者の文学作品を求めて各地を回った時のよもやま話を語る。文芸雑誌の投稿欄に出てくる今は忘れられた文学者、沖縄を訪れた文学者の記録など〝琉書〟にまつわるエピソードを満載。

仲程昌徳著
沖縄近代詩史研究
A5判上製函入
400頁
6000円

沖縄近代詩の成立と展開は〝おもろ〟に代表される古歌謡の世界と日本近代詩のはざまにあって、新しい表現の獲得をめざす苦闘の文学史であった。本書はウチナンチュの意識構造と沖縄変遷を照らし出す。付論＝山之口貘の未発表・新発見作品数十篇の再録と研究を収録。

仲程昌徳著
沖縄文学論の方法
●「ヤマト世」と「アメリカ世」のもとで
四六判上製
248頁
2200円

●主要目次○**明治**　外国文学受容とローカル・カラー／沖縄文学紹介のかたち　○**大正**　沖縄大正詩の一断面／「琉球景物詩十二編」への飛躍―世礼国男ノート／山之口貘の詩　○**昭和**　沖縄の戦後文芸―『うるま新報』／沖縄の文学―復帰後十年／山之口貘の詩―「天」ほか。

我部政男著
沖縄史料学の方法
●近代日本の指標と周辺
四六判上製
272頁
2500円

焼土と化した沖縄での学術研究は、あらゆる資料・史料の発掘と再収集から出発しなければならなかった。琉球大学の戦後資料収集専門委員の任務を与えられた著者が、沖縄のみならず日本近代史を根底から問い直す数々の新史料発掘にいたる執念のドキュメント。

大田昌秀著
沖縄の民衆意識　新版
四六判
484頁
2500円

沖縄で生起した政治・経済・社会上の主要な事件の背景や相互関係を、沖縄発行の『琉球新報』『沖縄毎日新聞』等の内容分析から意味づけ、沖縄人の意識・性格・行動のパターンが、近代沖縄の歩みの中で、いかにして形成されたかを解明した労作である。